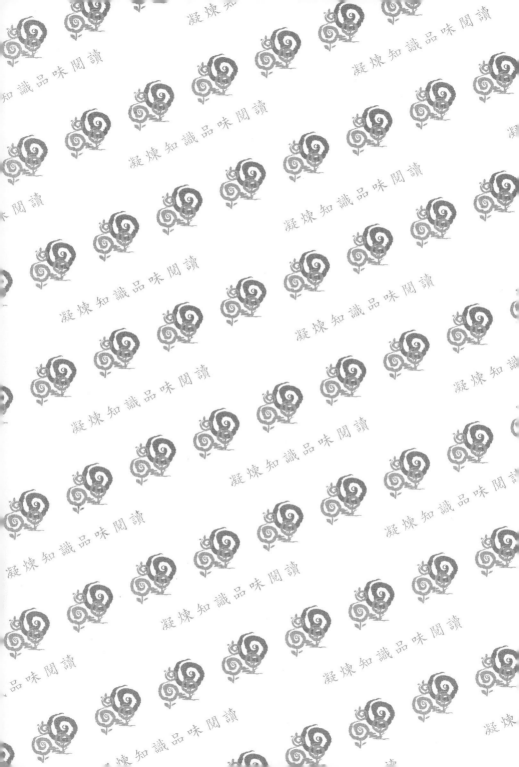

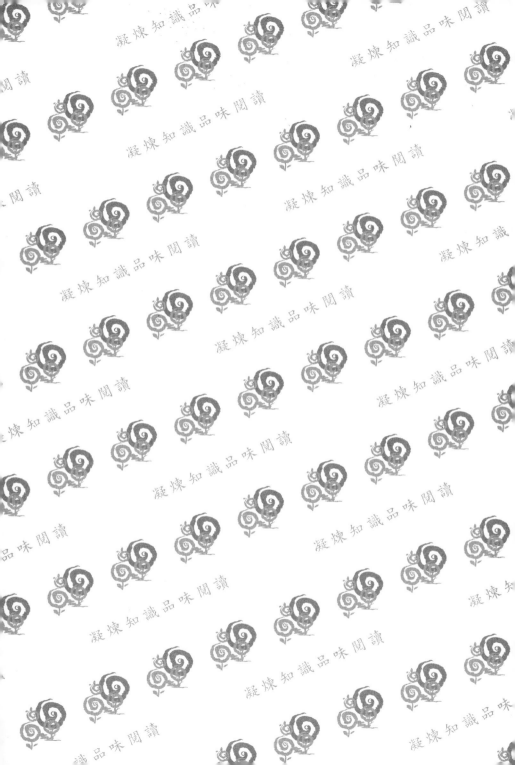

China's Neighboring Diplomacy:
Comparative Views of
Japan, Korea and Taiwan

中國周邊外交

台日韓三方比較新視野

蔡東杰、韓碩熙、青山瑠妙 主編

角崎信也、劉泰廷、陳育正、大門毅
佐藤考一、金泰虎、李哲全、鄭顯旭
金東燦 合著

五南圖書出版公司 印行

主編序

自新世紀初以來，不僅所謂「中國崛起」（China rising）持續引發愈來愈多學術與政策關注，尤其在2018年爆發美中貿易戰，啟動一波「競大於合」之雙邊互動新階段，加上2020年以來COVID-19這隻「黑天鵝」與2022年俄羅斯發動烏克蘭戰爭此一「灰犀牛」之交相激盪，未來國際關係不僅充滿變數，中國之外交動向非但動見觀瞻，亦無疑是不可忽視之一大變數。更有甚者，在近期美中競爭當中，東亞地區（或從美國角度稱之亞太、西太平洋或印太地區）絕對處於某種「前線」位置，特別對位於東北亞的韓國、日本與台灣而言，應當同樣明顯感受到位處於地緣夾縫中的沉重戰略壓力。

基於長期交流累積之互信基礎，並為積極客觀共同探究現階段乃至未來之中國外交政策走向，台灣中興大學當代中國研究中心、韓國延世大學中國研究院與日本早稻田大學現代中國研究所自2020年起，決定針對此一議題推動三方長期共同研究平台，同年9月18日舉辦第一次學術工作坊後，除於翌年11月12日再度舉辦第二次工作坊，2021年11月亦將第一年研究成果集結收錄，由五南圖書出版《中國新外交：台日韓三方比較視野》一書。以此為基礎，第二年工作坊討論既更聚焦於中國之「周邊」作為，本論文集也嘗試從北京之作為與周邊具體態勢發展等兩個部分，集結編纂各位學者之研究見解。

在推動三方共同研究與彙整編纂本論文集期間，個人衷心感謝來自日本、韓國與台灣之中國外交研究者的誠摯友誼與熱心投入參與，

　　面對處於轉型關鍵期之全球與區域結構內涵，尤其疫情當下受阻無法面對面交流，更非常高興各方專家能達成持續推動此一學術平台之正面意願。當然，作為台灣最重要的學術出版集團，五南圖書劉靜芬副總編輯及其同仁對本書之費心處理，更為此一跨國共同研究成果有機會與各位分享，扮演了最關鍵的推手角色，在此謹代表所有研究者給予最誠摯的謝意。

　　無論如何，本書僅僅是此一共同學術平台向前邁進的第一步，希望在拋磚引玉之餘，未來能邀請更多研究者集思廣益，一起為中國外交研究乃至後續國際關係發展提供更加全面且客觀之視野。

中興大學當代中國研究中心　蔡東杰

延世大學中國研究院　韓碩熙

早稻田大學現代中國研究所　青山瑠妙

謹識

2022 年 10 月

目　錄

PART 1

中國周邊外交之新動向

第一章
影響習近平外交政策的認知
因素：一個初步假設

角崎信也*

* 日本慶應義塾大學博士。現任日本霞山會研究員。曾任日本國際問題研究
所研究員、總合人間文化研究推進中心早稻田駐點研究員。研究領域屬比
較政治學、中國近現代史、現代中國政治等。

　　一個國家的外交政策取決於該國周邊的國際形勢。然而，假設國際形勢本身決定了該國的外交，這種說法並不那麼準確。更準確地說，一個國家的外交政策是根據國家領導人對當前形勢和該國所涉及的國際形勢趨勢的看法而制定的。[1]

　　本文旨在瞭解當前中國領導人習近平政府外交政策的動機。為此，將討論習近平及其前任如何看待圍繞中國的國際環境趨勢，以及這些看法如何影響中國近年來的外交政策。

　　本文之所以將中國領導人對國際形勢的看法作為主要因素，首先是因為更相關的是主觀的國際形勢，而不是許多歷史案例中的客觀權力平衡，其次是民族主義輿論等國內因素，由於習近平加強輿論控制，集中力量整合涉外多個領域，造成政局不穩和「碎片化威權」[2]的狀況，不如前任政府重要。

　　本文並非第一次嘗試以認知因素為重點來探討習近平的外交政策。以下描述，有許多部分仰賴於幾篇已發表的文獻，特別是杜如松（R. Doshi, 2021）、山口信治（S. Yamaguchi, 2018）和川島真（S. Kawashima, 2018）。[3] 筆者認為這項研究有原創性的觀點，因為它試

1　岡部達味，〈中国の対外政策と対外イメージ〉，《中国外交—政策決定の構造》（東京：日本国際問題研究所，1987年），頁1。

2　Kenneth G. Lieberthal, "Introduction: The 'Fragmented Authoritarianism' Model and Its Limitations," in Kenneth G. Lieberthal and David M. Lampton, eds., *Bureaucracy, Politics, and Decision Making in Post-Mao China* (Berkely: University of California Press, 1992).

3　山口信治，〈中国の国際秩序観—選択的受容からルール設定をめぐる競争へ〉，《国際安全保障》，第45巻第4号（2018年）；川島真，〈中国の対

圖將這些因素匯聚成三個相互關聯的看法：一、對「國際權力平衡」
的看法；二、關注美國主導對抗中國的「圍堵」策略；以及三、對「和
平演變」抱持警覺性。

在第壹部分中，將圍繞三個認知的架構，討論領導人如何看待國
際形勢，以及他們從 2008 年開始制定的外交政策。然後簡要介紹習
近平政府如何看待當前的國際形勢，並在此基礎上嘗試探索未來 5 年
至 10 年的中國外交政策。

壹、2008年以來中國對外政策的認知因素

一、對「國際權力平衡」的看法

正如新現實主義者所說，國際權力平衡是影響國家外交政策的主
要因素。中國也意識到，國際秩序從根本上由「國際權力平衡」（國
際力量對比）決定，霸權或某些超級大國有權決定對自己有利的秩
序。

基於這些基本理解，我們可以假設：

外政策目標と国際秩序観―習近平演説から考える〉，《国際問題》，第
668 号（2018 年）。關於本文論述，可同時參照：角崎信也，〈中国指導部
の国際情勢認識の変容と政策―「世界金融危機」と「リバランス」の影響
を中心として―〉，《中国の国内情勢と対外政策》（東京：日本国際問題
研究所，2017 年）；He Kai and Feng Huiyun, "Xi Jinping's Operational Code
Beliefs and China's Foreign Policy," *The Chinese Journal of International Politics*,
Vol. 6, No. 3 (2013); Michael D. Swaine, "Chinese Views of U.S. Decline," *China
Leadership Monitor*, Issue 69, September 1, 2021.

全球或區域權力結構對中國愈有利，中國將愈積極和自信地擴大自己在區域或世界的利益和影響力。[4]

其中一個象徵性地表現出因果關係的案例，是在 2008 年全球金融危機前後中國外交政策的變化。

中國領導人顯然看到了國際的權力平衡因金融危機而發生了變化。例如，在中國外交官參加的會議上，中共中央總書記胡錦濤表示，「國際的權力平衡關係發生了重大的變化，多極化的前景變得更加明顯」，以及「我國的影響力在周邊事務上的影響力更進一步擴大了」。[5] 與該政權關係密切的中國專家也認為，在中國周邊地區可以清楚地看到此一趨勢。中國社科院（CASS）國際研究組對當時國際趨勢的分析結論之一是，「美國的影響力將逐漸下降，特別是在中國周邊，而中國在周邊區域的影響力和可操作性將逐漸增加」。[6]

事實上，中國自 2009 年開始在南海（SCS）和東海（ECS）主張其領海主權時，可以從與美國海軍無暇號事件（2009 年 3 月）等，中國與亞太國家的頻繁衝突就可見一斑。還包括以下事件，比如於馬

---

[4] On this, R. Doshi noted that "If China's strategy was dependent on the 'international balance of power,' and if—as Hu (Jintao) had declared—the 'international balance of power had changed,' then it meant China's grand strategy needed revision." Rush Doshi, *The Long Game: China's Grand Strategy to Displace American Order* (New York: Oxford University Press, 2021), p. 160.

[5] 胡錦濤，〈統籌國內國際兩個大局，提高外交工作能力水平〉，《胡錦濤文選第三卷》（北京：人民出版社，2016 年），頁 234。

[6] 中國社會科學院國際研究學部課題組，〈對當前若干重要國際問題的分析〉，《領導參閱》，第 516 期（2010 年），頁 37。

來西亞占領的燕子礁（2010 年 4 月）和越南船隻在南海的電纜切割（2011 年 5 月），還有在東海的尖閣列島附近的漁船碰撞（2010 年 9 月）。[7]

另一個表明因果關係的案例是中國領導人在「英國脫歐」（Brexit）和 2016 年川普（Donald Trump）當選總統前後的看法。正如杜如松指出的那樣，英國脫歐和川普在總統大選中的勝利對中國來說意味著世界上最強大的民主國家正在退出國際秩序。[8]中共中央政治局委員、中央外事工作委員會辦公室主任楊潔篪在 2017 年 11 月提到，「西方治理理念、制度和模式愈來愈難以適應新的國際格局和時代」和「即使是西方大國也面臨著治理不善和成堆的問題」。[9]

或許正是基於這樣的國際趨勢解讀，習近平第一次提到「我們面臨百年未有之大變局」、[10]「世界多極化進程加快，國際權力結構（國際格局）變得更加平衡，國際大趨勢不可逆轉……中國將愈來愈接近世界舞台的中心」。[11] 對於「百年未有之大變局」一詞，中共中央黨校機關報《學習時報》在網上發表評論稱，「大變局的實質是主要國

---

[7]　飯田将史，〈日中関係と今後の中国外交―「韜光養晦」の終焉？〉，《国際問題》，第 620 期（2013 年），頁 49。

[8]　Doshi, *The Long Game*, p. 160.

[9]　楊潔篪，〈推動建構人類命運共同體（認真學習宣傳貫徹黨的十九大精神）〉，《人民日報》，2017 年 11 月 19 日。

[10]　Doshi, *The Long Game*, p. 267;〈習近平接見 2017 年度駐外使節工作會議與會使節並發表重要講話〉，《新華網》，2017 年 12 月 28 日。

[11]　〈習近平接見 2017 年度駐外使節工作會議與會使節並發表重要講話〉。

際行爲者在權力平衡上的對比發生重大變化」，「引發主要的國際結構大洗牌和國際秩序大調整」。[12]

　　儘管很難看出英國脫歐和川普上台前後之中國外交政策的實際變化，但可以說，中國對國際形勢的解釋在那個時候已經有所調整，習近平政府一直在這一點上不斷做出調整。比如採取以「一帶一路」倡議（BRI）爲標誌的激進政策和對美國不妥協的競爭立場。這一姿態也在習近平 2017 年 10 月十九大的講話中表明，中國將努力在本世紀中葉擁有「世界一流」的軍隊，「成爲具有綜合國力和國際影響力的領先國家」。[13]

二、關注美國主導對抗中國的「圍堵」策略

　　第二個認知因素，可能是中共（和俄羅斯）領導人的特徵，是關切美國所領導針對中國的「圍堵」政策。

　　從歷史上看，自 1950 年美國介入韓戰以來，中國領導人一直強烈擔心美國及其盟國有意「圍堵」中國，並認爲對抗美國此類和企圖的有效戰略是加強與中國鄰國、第三世界，以及一些可能與美國相互矛盾的西方國家的政經關係。[14] 因此，可以做出如下假設：

---

[12] Doshi, *The Long Game*, pp. 266-267; 李杰，〈深刻理解把握世界「百年未有之大變局」〉，《學習時報》，2018 年 9 月 3 日。

[13] 習近平，〈決勝全面建成小康社會奪取新時代中國特赦社會主義偉大勝利——在中國共產黨十九次全國代表大會上報告〉，《人民日報》，2017 年 10 月 28 日。

[14] See Ryan Hass, "How China is Responding to Escalating Strategic Competition with the U.S.," *China Leadership Monitor*, Issue 67 (March 2021), p. 7.

　　美國的圍堵中國意圖愈明顯，中國就愈積極地加強和擴大其在亞洲或其他地區的勢力範圍，以阻止圍堵的企圖。中國的活躍程度，也取決於中國綜合國力的強弱程度和西方衰落的程度。

　　人們認爲，對歐巴馬「亞太再平衡」的反應案例已經清楚地表明了這種因果關係。有證據表明，中國領導人將再平衡視爲對中國的圍堵政策。中國國際關係的主要學者之一朱峰就明確地指出，「再平衡表明美國現在的主要戰略目的是圍堵中國在東亞戰略利益的擴張」。[15]

　　重要的是，要知道與政策制定者關係密切的學者也認爲，再平衡不是對中國自 2009 年以來強硬的外交政策的反應，而是中國自金融危機以來崛起的不可避免的結果。就在宣布再平衡之前，中國外交官暗示要回歸低調政策。[16]

　　2010 年底，原外事領導小組辦公室主任戴秉國發表題爲〈堅持走和平發展道路〉的文章，提到「堅持走和平發展道路」。「和平發展」與鄧小平的「韜光養晦，有所作爲」是一致的。[17]2011 年 9 月，中國還發布了《中國的和平發展》白皮書，在領土和海洋問題上引

---

[15] 朱峰，〈東亞安全的結構性危機會爆發嗎？─2012 年東亞安全形勢回顧與 2013 年展望〉，《和平與發展》，第 1 期（2013 年），頁 9。

[16] 詳細請見，高木誠一郎，〈中国外交における「核心利益」論の展開〉，《問題と研究》，第 42 卷第 2 号（2013 年），頁 16-17。

[17] 戴秉國，〈堅持走和平發展道路〉，2010 年 12 月，https://www.fmprc.gov.cn/chn/pds/ziliao/zt/dnzt/jianchizouhepingfazhandaolu/t774662.htm。

用了鄧小平的「擱置爭議、共同開發」[18]的格言。在這樣的背景下，2011 年底宣布再平衡的時機，對中國來說可能證明無論中國的政策是低調還是強硬，只要中國是美國的潛在競爭對手，美國都會試圖圍堵中國，以免中國超越美國成為國際霸權。事實上，2010 年底至 2011 年秋季的那些外交訊息，在再平衡之後被一些中國研究人員給予負面評價。清華大學教授趙克進 2012 年評價「美國利用中國的戰略停頓」，[19] 國際關係大學教授劉躍進在中國現代國際關係研究院 2012 年度報告中，提到「中國的『韜光養晦』、『擱置爭議』等善意和雙贏戰略被逼入絕境，因此中國應該更加重視『把事情做好』」。[20] 同一份報告還提到，再平衡「是對金融危機加速中國崛起的直接反應」，因此不可能避免美國會有很大的壓力，想要「在中國實力強大到足以勸阻美國想要摺倒中國」之前就壓制住中國。[21]

這些解釋很重要，因為它讓中國領導人意識到，韜光養晦已不再是誘使美國友好的策略，而確保中國國家安全的唯一途徑，是加強與鄰國的關係，以便阻止圍堵中國的企圖，並且最終在綜合實力上超越美國。顯然，自再平衡以來，以 2013 年周邊外交工作座談會提

---

[18] 〈中國的和平發展〉，《國務院新聞辦公室》，2011 年 9 月，http://www.scio.gov.cn/ztk/dtzt/58/3/Document/999959/999959.htm。

[19] 趙可金，〈中國外交面臨挑戰需要變革〉，《理論動態》，第 1941 號（2012 年 11 月），頁 18。

[20] 林宏宇，《2012 年中國國家安全概覽》（北京：時事出版社，2013 年），頁 520。

[21] 同上註 20，頁 12。

出的「奮發有爲」[22]和「新亞洲安全觀」爲代表的中國，進一步刺激中國作爲亞洲代表，並嘗試增強其影響力。「新亞洲安全觀」於 2014 年 5 月在第四屆亞洲互動與信心建立措施會議（CICA）上提出。最重要的是，習近平在 2013 年秋季提出成立亞洲基礎設施投資銀行（AIIB），並啓動「一帶一路」倡議，其主要動機被認爲是削弱或阻止美國主導的再平衡新圍堵戰略。[23]

　　另一個證實第二個假設的案例，是中國對美國川普政府加速的美中對抗的反應。川普政府在 2018 年的國防戰略中將中國視爲「戰略競爭對手」，並從 2018 年初開始與中國發動「貿易戰」，這似乎意味著美國「交往」（engagement）戰略的結束。山口信治表示，中國領導人對美國採取對抗性對中政策的原因存在爭議，甚至有人批評習近平的攻勢外交。這些觀點可以分爲三類：（一）將美國的強硬態度歸因於川普的個性；（二）將其歸因於習近平過於強硬的外交；以及（三）將其歸因於美國的本身特質，從不適應中國崛起，以挑戰其霸權地位的力量。據報導，討論已於（三）結束，中方下定決心與美國進行「長期抗戰」（long battle）。

　　2021 年 1 月上任的拜登總統繼承了前任的強硬對中政策，在 2021 年 3 月發布的《國家安全戰略暫定指南》（*Interim National Security Strategic Guidance*）中，將中國視爲「唯一可能有能力」挑

---

[22] Doshi, *The Long Game*, p. 170; 川島眞，〈中国の対外政策目標と国際秩序観〉。

[23] Doshi, *The Long Game*, pp. 160, 242.

戰現有國際秩序的競爭對手。[24] 隨後，他的政府加強了「四方安全對話」（QUAD）並將其制度化，並於同年將《澳英美三邊安全協議》（AUKUS）建立爲澳洲、英國和美國之間的新安全架構。從中國的角度來看，這些政策沒有別的意思，就是代表美國的圍堵戰略。2022 年 3 月，在十三屆全國人大一次新聞發布會上，外交部部長王毅提到，「美方正在上演『五眼（Five Eyes）─四眼（QUAD）─三（AUKUS）─二（雙邊聯盟）』並在亞太地區成形」，以及「美國印太戰略的眞正目的是要建立印太版的北約組織」。[25] 美國一直試圖加強對中國的圍堵，中國對這樣的國際形勢的反應，不再是採取低調政策，而是進一步加強與亞洲和其他可能與美國有矛盾的國家的經濟和政治關係，以便弱化或阻止美國的這種意圖。除了「一帶一路」之外，習近平政府還加快了《區域全面經濟夥伴關係協定》（RCEP）（2020年 11 月）和《歐盟─中國全面投資協定》（CAI）（2020 年 12 月）的協議，並競標《跨太平洋夥伴關係協定》（TPP）（2021 年 9 月）。

　　然而，應該指出的是，儘管中國有必要發展與周邊國家的關係，但中國在南海和東海的領土和海洋問題上的外交政策仍然是強硬的。從中國的角度來看，以「再平衡」爲標誌的美國在亞洲的承諾增加，可能會使與中國有領土爭端的亞洲國家更加膽大妄爲。在這種情況下，中國在海洋領土主張上猶豫不決是有風險的，正如中國社會科學

---

[24] *Interim National Security Strategic Guidance*, March 2021, p. 8.

[25] "State Councilor and Foreign Minister Wang Yi Meets the Press," March 7, 2022, https://www.fmprc.gov.cn/eng/zxxx_662805/202203/t20220308_10649559.html.

院國際戰略研究所研究員周方銀在 2013 年提到的那樣，「在美國回到亞太地區，其他大國調整亞太戰略，如果中國表現出溫和的態度，就有可能讓其他亞洲國家在風險較低的情況下採取更激進的領土或海洋政策。」[26] 因此，中國領導人傾向於不斷地在南海、東海和台灣海峽派遣軍事單位、船隻、飛機和海岸警衛隊船隻，以防止有膽量的國家採取反叛行動。因此，「維穩」（圍繞在中國附近的國際環境）與「維權」（維持中國的領土與領海）是相互矛盾的，而這樣的矛盾在中國外交中始終並存。[27]

三、對「和平演變」抱持警覺性

第三個認知因素是對所謂的「和平演變」的高度警覺性。[28] 中國領導人可能從 1950 年代末就已經意識到，對安全的最大威脅來自美國及其所有「和平演變」或「西化」與「分裂國家」的企圖。這些企圖透過對西方價值觀念的滲透，導致共產主義政權垮台和分裂領土。最近，中國領導人似乎認為必須加強「話語權」，以防止西方價值觀滲透到中國社會。[29] 從這些分析中得出的假設是：

---

[26] 周方銀，〈中國的應對〉，《改革內參》，總第 887 期（2013 年），頁 19。

[27] See Linda Jakobson, "Domestic Actors and the Fragmentation of China's Foreign Policy," in Ross, Robert S. and Bekkevold, Jo Inge, eds., *China in the Era of Xi Jinping: Domestic and Foreign Policy Challenges* (Washington, D.C.: Georgetown University Press, 2016), p. 151.

[28] 山口信治，〈中国・習近平政権のイデオロギーをめぐる闘争—和平演変・カラー革命への対抗と国際的話語権〉，《Roles Report》，第 17 号（2022 年）。

[29] 高木誠一郎，〈中国外交の新局面：国際「話語権」の追求〉，《青山国際

中國對「和平演變」愈是抱持高度警覺性，對自己的政治經濟體系就愈有信心，就愈會積極致力於全球治理，訴諸其相對於西方國家的制度優勢，對貶低中國的言論則更加的反感。

事實上，近年來中國領導人的危險意識不斷地增強。[30] 中國領導人認為，2000 年代上半葉的「顏色革命」（Color Revolutions）和 2010 年代初的「阿拉伯之春」（Arab Spring）是由美國所領導的敵對勢力所煽動的。[31] 這些事件發生之後，習近平提到，「目前，意識形態領域的對峙異常激烈」，「西方敵對勢力正在加速中國內部的『和平演變』和『顏色革命』」。[32] 隨著美國對中的對抗性政策愈來愈強，和近期香港局勢的結合，這種警覺性往往會更加強烈。[33] 中國領導人將 2014 年雨傘運動和 2019 年至 2020 年香港抗議活動歸咎於西方敵對勢力的「和平演變」或「西化和分裂」計畫。[34]

政經論集》，第 85 号（2011 年）；加茂具樹，〈制度性話語権と新しい五力年規劃〉，《中國政觀》（2020 年 8 月 20 日）。

[30] 青山瑠妙，〈国内政治と連動する中国のアジア外交〉，《習近平政権が直面する諸課題》（東京：日本国際問題研究所，2021 年），頁 60。

[31] Tai Ming Cheung, "The Chinese National Security State Emerges from the Shadows to Center Stage," *China Leadership Monitor*, Fall 2020, Issue 65, Tuesday September 1, 2020, p. 5.

[32] See Cheung, "The Chinese National Security State Emerges from the Shadows to Center Stage," p. 12.

[33] 山口信治，〈中国の戦う外交官の台頭？〉，《NIDS コメンタリー》，第 116 号（2020 年 5 月），頁 4。

[34] 〈利用香港過制中國發展是白日做夢〉，《人民日報》，2019 年 11 月 24 日。

　　至少作爲應對這一困境的戰略的一部分，中國更加重視加強其制度和意識形態的話語權。[35] 制度上的戰略包括通過將其官員安排至聯合國工業發展組織（IDO）、國際民航組織（ICAO）、國際電信聯盟（ITU）和聯合國糧食及農業組織（FAO）等一些機構的最高領導職位來追求中國在聯合國的影響力。中國也更加積極地致力於國際貨幣基金組織（IMF）、維和行動（PKO）、世貿組織（WTO）和氣候變遷議題。[36] 根據杜如松的說法，「在聯合國的影響力使中國能夠建立一些強制性和共識性的影響力以及合法性——使其能夠取代民主自由的價值觀，成爲全球承認的價值觀，並提升且合法化，以及全球化中國的原則和計畫」。[37]

　　作爲意識形態戰略，中國近年來更加積極地呼籲「中國方案」，[38]「爲其他希望在保持獨立且同時加快發展的國家和民族提供了新的選擇」。[39] 對「和平演變」的警覺性和對其制度至上的信心，都是

---

[35] 加茂具樹，〈「制度性話語権」で二〇三五年に向かう中国：制度をつくり、実行させる国家パワー〉，《外交》，第 71 巻（2022 年 1 月）；山口信治，〈中国・習近平政権のイデオロギーをめぐる闘争〉。

[36] See Doshi, *The Long Game*, pp. 282-283; 青山瑠妙，〈中国の対外政策の特徴と変化—習近平体制の対外政策を中心に〉，《アジア太平洋討究》，第 36 号（2019 年 3 月）。

[37] Ibid., p. 282.

[38] 杜如松指出，「中國方案」此一名詞「在英國脫歐與川普勝選之後頻繁出現，相關討論文章數量從 2015 年的 337 篇到 2017 年的 4,815 篇，增長了足足 14 倍」；see Doshi, *The Long Game*, p. 284.

[39] 習近平，〈決勝全面建成小康社會奪取新時代中國特色社會主義偉大勝利〉。在這方面，哈斯（R. Hass）指出，「北京希望有更多國家仿效其面對安全挑戰之做法，因爲，只要有更多國家擁抱其政策與監控技術，北京處

這些大膽聲明的由來。復旦大學中國研究院院長張維維在文章發表時對比了「世界之亂、中國之治」，描述了 2016 年英國脫歐和川普大選後的國際趨勢，刊登在中共官方的理論期刊《求是》。[40] 2020 年初爆發的新型冠狀病毒肺炎疫情，讓中國對國內治理體系更有信心，[41] 也為中國在國內和國際上訴諸制度霸權提供了機會。[42]《人民日報》的一篇文章提到，此次疫情「突顯了西方資本主義主導的國際體系的嚴重弱點，宣告了新自由主義的破產，更加突顯了『東升西落』的趨勢，也就是國際結構中的東方崛起、西方衰落」。[43]

此外，值得注意的是，中國對美國或西方國家所謂的「和平演變」和「西化與分裂國家」的反應，有時會損害中國在國際社會的形象。中國外交官可能被要求必須明確反對西方國家對中國的詆毀言論，必須強調中國的正當性或指出那些西方國家的邪惡意圖，以防止那些外國強調中國缺陷和失敗的言論直接滲透到國內社會（或網路社會）。然而，一些不專業的言論或所謂的「戰狼外交」卻很諷刺地貶

理國內安全的模式就愈可能在海外取得正當性支撐」；Hass, "How China is Responding to Escalating Strategic Competition with the U.S.," p. 11.

[40] 張維為，〈西方之亂與中國之治的制度原因〉，《求實》，第 15 號（2017年）；小嶋華津子，〈習近平政權の目指す社会統治と世界秩序〉，《中國の対外政策と諸外国の対中政策》（東京：日本国際問題研究所，2020 年），頁 85。

[41] Doshi, *The Long Game*, p. 269.

[42] 山口信治，〈米大統領選挙後の安全保障の展望②中国の見方〉，《NIDS コメンタリー》，第 143 号（2020 年 11 月），頁 5。

[43]〈人間正道開新篇（習近平新時代中國特色社會主義思想學習問答④）—關於新時代堅持和發展中國特色社會主義〉，《人民日報》，2021 年 7 月 22 日；Swaine, "Chinese Views of U.S. Decline," p. 15.

低了中國的形象。香港問題也是這種很諷刺的例子，如上所述，中國認為香港抗議的原因不是缺乏民主或人權，而是西方的「和平演變」計畫。對抗議活動的強力鎮壓是中共在這種認知框架下的反制措施。然而，中共的選擇卻嚴重損害了中國的形象，尤其是在西歐國家的內心對中國的形象大為改變。

貳、對中國外交政策現狀和趨勢的看法

基於上述認識，我們可以將習近平對當前國際形勢的看法總結如下。

首先，在「國際權力平衡」上，中國領導人顯然將 2008 年的金融危機和 2016 年英國脫歐、川普選舉等西方國家的民粹運動視為權力平衡轉向對中國有利的表現。此外，中國領導人認為最近的COVID-19 疫情大流行更加速了這種變化。[44] 習近平在 2021 年 1 月提到，「世界正在發生百年未有之大變局，但時間和勢頭站在我們這邊。這是我們的力量和活力所在，也是我們的決心和信心所在。」[45] 此外，應該指出的是，許多中國人仍然認為，美國的任何衰退都可能是非常緩慢的、可能是非線性的或可能是可逆的。[46] 外交部副部長樂

---

[44] Doshi, *The Long Game*, p. 2

[45] 〈習近平在省部級主要領導幹部學習貫徹黨的十九屆五中全會精研討班開班式上發表重要講話〉，《新華網》，http://www.xinhuanet.com/politics/leaders/2021-01/11/c_1126970918.htm（瀏覽日期：2021 年 1 月 11 日）。

[46] Swaine, "Chinese Views of U.S. Decline," p. 19.

玉成也提到，「美國仍然是世界上最強大的大國，在很長一段時間內都難以逾越。」[47]

基於這些認知，可以預見，中國將繼續努力擴大自身在亞太地區乃至世界的利益和影響力。另一方面，中國領導人也將繼續努力盡快趕上美國的經濟和軍事實力，不會急於採取會導致與美國等西方國家關係決定性惡化的外交政策。[48] 那是因為中國領導人認為中美之間還存在很大的實力差距，但中國可能沒有必要靠自己從根本上改變現狀，只要「時間和勢頭在中國這邊」。

其次，隨著 2011 年的再平衡和 2017 年底美中對抗的開始，美國對中國的「圍堵」企圖似乎更加明顯。拜登政府繼承了前任的強硬對中政策，加強了對印度—太平洋地區的承諾，如 QUAD、AUKUS、2021 年 6 月的「重建更美好的世界」（B3W）和 2022 年 2 月的「印太經濟框架」（IPEF）所表明的。這些新政策似乎進一步加強了中國對「圍堵」的警覺性。

因此，預計中國將繼續採取任何措施，透過加強與周邊國家、志同道合國家和非美國西方國家的關係，主要利用其經濟治國方略來削弱或阻止美國主導的圍堵。[49] 與此同時，中國領導人可能會對台灣及

---

[47] "Transcript of Vice Foreign Minister Le Yucheng's Exclusive Interview with Guancha.cn," *Xinhua*, July 13, 2021, http://www.xinhuanet.com/english/2021-07/13/c_1310057831.htm. See also Swaine, "Chinese Views of U.S. Decline," p. 9.

[48] See Hass, "How China is Responding to Escalating Strategic Competition with the U.S.," p. 6.

[49] 哈斯指出，「中國的政策便是儘可能讓更多國家將其經濟發展置於對中國日

其鄰國與中國有領土問題的行為更加謹慎，因為他們可能會被中國視為是美國加強印太地區承諾的力量來源。[50] 因此，中方也將繼續在台海和東海不斷出動艦機，加強對南海人造島的管控。

第三，中國領導人對「和平演變」和「西化與分裂國家」的企圖更加警惕和敏感。顏色革命、阿拉伯之春以及香港或新疆的局勢，強化了這種警覺性。

因此，中國領導人將繼續或更積極地致力於全球治理問題，增強其在聯合國等國際組織和其他區域架構中的影響力，在其國內資源所能負擔的能力範圍內推動「中國方案」，擁有主導性的話語權。然而，也可以預見，中國將諷刺性地透過其國內政策進一步削弱其話語權，以防止西方的觀點和組織滲透到其社會中，例如「戰狼外交」和香港以及新疆的執法措施，都在削弱中國的話語權。

筆者相信這些觀念和政策趨勢至少 5 年或 10 年都不會改變。但是，可以想像，一些因素可能會導致中國外交政策突然改變。首先是在台灣海峽或南海的意外遭遇。在這種情況下，習近平很難採取與他作為民族主義倡導者所說的互相矛盾的措施；第二是習近平的地位或共產黨政權的不穩定性。通常，在政治不穩定或政治菁英立場分裂的

益深化的依賴之上」；Hass, "How China is Responding to Escalating Strategic Competition with the U.S.," p. 8.

[50] 林和立認為，「或許更加迫切的是，北京十分擔心拜登政府將聯合亞洲國家，將中國排除在他們占領的南海島礁之外」；Willy Wo-Lap Lam, "The Xi Administration Openly Challenges American Global Leadership and Takes Multiple Measures to Counter Washington's Containment," *China Brief*, Vol. 21, Issue 8 (April 23, 2021).

情況下，領導人傾向於回應民族主義的輿論；[51] 第三，如果中國獲得改變遊戲規則的（軍用或民用）技術，中國將加速追趕上美國。它可能使中國能夠在台灣海峽和東海，乃至南海採取更加武斷的行動。

　　從長遠來看，中共領導人的目標是什麼？中國領導人的基本目標可能是延續共產主義政權或「政治安全」。[52] 鑑於上述中共領導人的看法，如果在綜合實力上不超過美國，這個目標就永遠無法實現。「超越」不僅意味著能否在軍事和經濟實力第一，或話語權第一，這兩者都是中國阻止美國圍堵中國、推動中國「和平演變」的必要條件。換言之，中國正在努力爭取成為 21 世紀中葉世界「關係上的強國」和「結構上的強國」[53] 的第一名。這也意味著，就中國而言，確保國家安全最終將獲得世界霸權地位。[54] 或許中國外交政策的動機基本上是防禦性和反應性的，然而，鑑於其認知框架，讓「世界對北京感到安全」被認為是「中國霸權下的世界」的同義詞。

---

[51] Joseph Fewsmith and Stanley Rosen, "The Domestic Context of Chinese Foreign Policy: Does 'Public Opinion' Matter," in David M. Lampton ed., *The Making of Chinese Foreign and Security Policy, 1978-2000* (Stanford: Stanford University Press, 2001).

[52] 習近平，〈堅持總體國家安全觀走中國特色國家安全道路〉，《新華網》，http://news.xinhuanet.com/politics/2014-04/15/c_1110253910.htm（瀏覽日期：2014 年 4 月 15 日）。

[53] See Susan Strange, *The Retreat of the State Power: The Diffusion of Power in the World Economy* (Cambridge: Cambridge University Press, 1996).

[54] 白潔曦（Jessica Chen Weiss）認為，中國尋求的是去「形塑一個讓北京更安全的世界」之防禦性政策，但結果卻必然「對全球自由民主國家之價值帶來威脅」；See Jon (Yuan) Jiang, "The Belt and Road Initiative: A Domestically-Motivated Program Fueling Global Competition," *China Brief*, Vol. 20, Issue 10 (May 29, 2020).

第二章
中國航母政策與
區域軍備競賽走向

蔡東杰*、劉泰廷**

* 政治大學政治研究所博士。現任中興大學人文社會科學前瞻研究中心主任、國際政治研究所特聘教授、日韓總合研究中心主任、當代中國研究中心主任。曾任岡山大學、高麗大學、韓國外國語大學客座研究員。研究領域爲中國外交政策、東亞區域安全等。著有《瘋狂的年代：世界大戰源起與全球秩序未來》、《當代中國外交政策》、《東亞區域發展的政治經濟學》、《戰爭的年代：西方國際關係之歷史與理論爭辯》等專書十餘冊。
** 中興大學國際政治研究所博士。現任中興大學通識教育中心助理教授、當代中國研究中心執行長、人文社會科學前瞻研究中心國際交流組長。曾任德國杜賓根大學、日本東京大學、美國史汀生中心訪問學者。研究領域爲中國外交政策、兩岸關係、東亞區域安全等。

壹、緒論

　　航空母艦（Aircraft Carrier）是一種以艦載機為主要作戰工具的大型水面戰艦，素有「海上浮動機場」稱號；[1] 就發展史而言，首先由法國在 1912 年將雙翼水上飛機搭載在「閃電號」（*La Foudre*）戰艦，使其成為世界上第一艘水上飛機母艦，接著，在英國於 1918 年開始建造史上第一艘航空母艦之際，日本的「鳳翔號」（*Hosho*）則於 1922 年成為首艘正式服役航母。儘管航母自第二次世界大戰以來便成為現代海軍強國必備的遠洋攻擊武器，基於高度技術與財政門檻，目前全球僅約 11 個國家擁有約 30 艘各式航空母艦，數量並不算多。[2] 在實際運用方面，除了第二次世界大戰期間曾經扮演主力艦角色，成為大規模海戰關鍵核心之外，航母最主要之功能還是透過其艦載機支援陸地作戰任務，並提供某種戰略意涵與威望投射展示。[3] 進言之，即便在和平時期海軍之非戰爭性運用日益廣泛的今天，航空母艦仍然是西方國家顯示實力與捍衛海洋利益的重要依靠。更甚者，航空

---

[1]　See Antony Preston, *Aircraft Carrier* (New York: Grosset & Dunlap, 1980); Paul E. Fontenoy, *Aircraft Carriers: An Illustrated History of Their Impact* (Santa Barbara: ABC-CLIO, 2006).

[2]　包括美國、俄羅斯、法國、英國、義大利、西班牙、印度、阿根廷、巴西、泰國、中國；除了美國、俄羅斯與中國外，其餘均為 1 萬至 4 萬噸小型航母；參考袁玉春、田小川、房兵編，《世界軍武發展史：航空母艦篇》（台北：世潮出版公司，2005 年），頁 12-13、188-189。

[3]　Tomas Schober, et al., "Present and Future of Aircraft Carriers as a Floating Diplomatic and Military Means of Deterrence," *INCAS Bulletin*, Vol. 3, Issue 4 (2011), pp. 153-159.

母艦不僅是種以艦載機為主要作戰武器的大型水面艦隻，由於現代航空母艦及艦載機已成為高技術密集的軍事系統工程，因此航母也成為一個國家軍事、工業、科技水準與綜合國力的象徵。

　　無論如何，自航母加入戰鬥行列迄今已達一個世紀之後，整體情勢似乎出現若干變化：[4] 首先，基於其海上機動性，航母自 1970 年代以來也成為核武嚇阻中，維繫「彈性反應」能力之重要工具；其次，隨著艦載直升機與短場垂直起降戰鬥機的發展，規格提升但仍小於航母的兩棲攻擊艦（amphibious assault ship）也逐漸被列入「準航母」；再者，除了支援陸地作戰，反潛工作也是其任務之一。值得一提的是，早自 1960 年代以來，即便美國實力睥睨群雄，由於沉重財務負擔加上長程精準導彈技術可能使其成為「浮動標靶」，全球航空母艦發展一度相對趨於靜態，[5] 但目前新一輪航母競賽似乎正如火如荼進行當中，尤其中國「遼寧號」於 2012 年正式成軍後，後續戰略布局固然引發關注，[6] 若干亞太地區中等國家亦顯示正陸續直接或間接投入這場新的競賽，其未來發展勢將牽動區域乃至全球格局及其穩定性。

---

[4] Norman Polmar, *Aircraft Carriers: A History of Carrier Aviation and Its Influence on World Events, Volume II: 1946-2006* (Dulles, VA: Potomac Books, 2008), pp. 390-391.

[5] John F. Lehman and Steven Wills, *Where are the Carriers? US National Strategy and the Choices Ahead* (Philadelphia: Foreign Policy Research Institute, 2021), pp. 1-2.

[6] Ronald O'Rourke, *China Naval Modernization: Implications for U.S. Navy Capabilities, Background and Issues for Congress* (Washington, D.C.: Congressional Research Service, 2020), pp. 8-13.

貳、中國航母計畫與戰略推進

一、中國航母戰略思考演進

　　近年來中國海軍發展速度引人側目，例如，以 1996 年由 57 艘驅逐艦和護衛艦組成之海軍規模出發，柯爾（Bernard Cole）在 2001 年估計其總量至 2010 年將成長至 70 艘左右，[7] 但屆時實際規模高達 214 艘，甚至美國五角大廈 2020 年版《中國軍力報告》更指出，該年中國所擁有 360 艘艦艇已經具備「全世界規模最大」的海軍軍力，[8] 不僅正式超越美國，2030 年或將達到後者一倍。[9] 儘管柯爾對中國海軍擴張規模預測過於保守，他在 2007 年設想前者將於 2016 年至 2017 年擁有主宰東海、南海戰區乃至威脅美國區域霸權之影響力，[10] 仍與事實相距不遠。無論如何，除了總數增加速度驚人，讓各方更加關切的還是 2011 年改裝完畢下水後，2012 年正式成軍之航母艦隊發展。

　　事實上，隨著「藍水海軍」概念在 1980 年代浮現，製造航空母

---

[7] Bernard Cole, *The Great Wall at Sea: China's Navy Enters the Twenty-first Century* (Annapolis: Naval Institute Press, 2001), conclusion.

[8] Office of the Secretary of Defense, *2020 Report on Military and Security Developments Involving the People's Republic of China*, September 2020, p. vii.

[9] James E. Fanel, "Asia Rising: China's Global Naval Strategy and Expanding Force Structure," *Naval War College Review*, Vol. 72, No. 1 (2019), p. 13.

[10] Bernard Cole, "Right-sizing the Navy: How Much Naval Force Will Beijing Deploy?" in Roy Kamphausen and Andrew Scobell, eds., *Right Sizingthe People's Liberation Army: Exploring the Contours of China's Military* (Strategic Studies Institute of US Army War College, 2007), pp. 554-555.

艦計畫也跟著引發討論，[11] 背後原因則不外乎是基於大國心態與保護海上石油運輸通道，當然也可能爲了「突破美日海上封鎖線」（島鏈圍堵網）的戰略理由。從現實層面來看，由於改革開放導致經濟快速成長，中國工業原料和戰略物資進口依賴度跟著明顯增大，從而讓海上通道安全成爲國家經濟永續發展的生命線，因此，藉由擁有航母提高對周邊甚至遠洋地區的對抗能力相當合理，[12] 一項名爲《我國發展航空母艦及艦載機系統可行性研究》之計畫項目也曾在 1989 年 1 月獲得批准並命名爲「891 工程」，[13] 但因時機與條件均不成熟而擱置，致使中國直到 2010 年爲止，唯一接近航母性質者只有 1996 年服役，排水量近萬噸的「世昌號」綜合國防動員訓練艦，僅能同時起降區區兩架直升機。

　　無論如何，有關中國準備與建航母的訊息自 2007 年後甚囂塵上，部分人士指出具體規劃在 2004 年 8 月時確定爲「048 工程」與「三步走」策略（先用 10 年建造 2 艘中型航母，再用 10 年建造 2 艘大型航母，最後視情況發展大型核動力航母），[14] 至於最終獲得證實是在 2011 年，國防部新聞發言人耿雁生承認正重新改造利用一艘舊航母

[11] Ian Storey and You Ji, "China's Aircraft Carrier Ambitions: Seeking Truth from Rumors," *Naval War College Review*, Vol. 57, No. 1 (2004), pp. 76-93.

[12] 以「護航」爲目的建造航母也曾促使中國在 1970 年 7 月推出「707 工程」計畫。

[13] Anthony H. Cordesman and Martin Kleiber, *Chinese Military Modernization: Force Development and Strategic Capabilities* (Washington, D.C.: CSIS, 2007), pp. 137-138.

[14] 參見平可夫，《中國建造航空母艦》（香港：漢和出版社，2010 年）。

平台，以用於科研試驗和訓練，亦即 1998 年以廢鐵名義被中國公司從俄羅斯購入，並於 2002 年運抵大連的瓦良格號（*Varyag*）。[15] 在訊息揭露一個月後，前述平台隨即在 8 月下水試航，緊接著在 2012 年9 月正式以「遼寧號」爲名加入海軍行列（母港設於山東青島），從而實現了中國航母「零」的突破；該艦預估可搭載 36 架飛機（主要爲 24 架殲-15 戰機），首支艦載航空兵部隊則於 2013 年 5 月成軍。

至於在下一階段發展方面，根據綜合判斷，中國航母戰略發展大致分成四個步驟，包括建造新航母（從滑躍起飛甲板到電磁彈射）、研製艦載機（以源自 Su-33 之殲-11B 爲基礎發展殲-15）、升級陸地訓練系統及建設航母基地等。目前中國存在兩個有能力建造航母的造船廠，分別位於大連及上海；儘管 2014 年 1 月遼寧省委書記王珉透露第一艘自製航母正在大連建造且工期預計 6 年，[16] 確切訊息直到 2015 年 12 月才由官方證實，[17] 且於 2017 年 4 月下水後，2019 年 12 月便以「山東號」之名入列服役，比一般預估時間早了約 2 年左右。至於第三艘 003 航母則在 2016 年至 2018 年間動工，預計 2021 年底下水海試，於此同時，004 航母據傳也在 2019 年至 2020 年間開始密

---

[15] Nan Li and Christopher Weuve, "China's Aircraft Carrier Ambitions: An Update," *Naval War College Review*, Vol. 63, No. 1 (2010), pp. 21-22.

[16] 〈遼寧省委書記證實大連正在建造新航母〉，《中華網》，2014 年 1 月 20 日，http://military.china.com/important/11132797/20140120/18299097.html。

[17] 〈中國正在自主開展設計和建造第二艘航空母艦〉，《新浪網》，2015 年 12 月 31 日，http://finance.sina.com.cn/stock/t/2015-12-31/doc-ifxncyar6099347.shtml。

集動工。

在基地方面，除了遼寧號母港青島之外，中國也在海南島三亞打造能停泊 2 艘航母，同時保護洲際飛彈核潛艦之特別保護區；由於其海軍巨浪 2 型潛射彈道飛彈射程（約 8,000 公里）仍無法保證直接從南海發射打擊美國本土，因此需要一片相對安全海域為潛艦提供護航，且因 2017 年以來南海情勢日趨緊張，除了 2019 年入列的「山東號」航母選擇進駐，首艘 075 型兩棲攻擊艦「海南號」也在 2020 年 11 月進入三亞，目的或在強化南海地區防禦。

二、下一階段中國航母戰略重點與挑戰

繼 2017 年十九大政治報告聲稱將「確保到 2020 年基本實現機械化、信息化建設取得重大進展，……力爭到 2035 年基本實現國防和軍隊現代化，到本世紀中葉把人民軍隊全面建成世界一流軍隊」後，2020 年 10 月十九屆五中全會公報則進一步將「確保 2027 年實現建軍百年奮鬥目標」設定為加快國防和軍隊現代化重要目標；在此，「建軍百年」既是指 2027 年「南昌起義」100 周年，也是 2021 年「建黨百年」與 2049 年「建國百年」的中間年份，可視為解放軍在「基本實現機械化」和「基本實現國防和軍隊現代化」的中程目標。

為達成前述目標，無論從戰略或政治象徵意義來說，航母都是無可忽略之發展重點。儘管如此，擁有航空母艦此一自二戰末期以來，與核武相當且並稱最具攻勢與權力象徵性之武器，固然可大大提升國際地位與區域影響力，但回顧過去數十年來中國內部環繞建造航母引

發之爭議可見，不僅長程飛彈技術飛躍進步確實可能威脅難以提速的航母，再者，根據潛艦派論點，軍事科技必須配合國家戰略需求，既然中國海軍主要目的乃阻止美日等國在可能發生的戰爭（例如對台戰爭）中進行干預，解放軍只需提升既有核潛艦技術就能實現目標，不需冒險投入在技術面相對陌生的航母部門；可以這麼說，後者不僅自1980年代以來居於中國軍事建設主流，即便因美國以「圍堵」中國為目標推動「重返亞洲」（Pivot to Asia）與「再平衡」戰略，致使北京被迫決定擁有航母以便反制，前述想法依舊相當關鍵。尤其在可見的未來，即便中國大陸至2021年已擁有3艘航母，要形成具威脅之「戰鬥群」最快也得等到2030年前後，何況還得面對擁有實戰經驗與逐漸接收新型航母的美國太平洋艦隊及其盟友（日本、印度與澳洲），難怪多數人暫時不敢高估中國航母戰鬥群之實際影響力。

　　正因如此，如同2015年12月31日升格為第四軍種「火箭軍」之解放軍戰略導彈部隊（二炮）在同年9月3日閱兵儀式6個導彈方陣展示的，最受關注者正是首次亮相、被喻為「航母殺手」的「東風21D」中程彈道飛彈。[18] 非但習近平直指「火箭軍是我國戰略威懾的核心力量，是我國大國地位的戰略支撐，是維護國家安全的重要基石」，[19] 國際媒體亦普遍認為「東風21D」將改變西太平洋權力平

18 〈航母殺手東風21D反艦彈道導彈〉，《環球網》，2015年9月3日，http://mil.huanqiu.com/photo_china/2015-09/2794094.html。

19 〈習近平向中國人民解放軍陸軍火箭軍戰略支援部隊授予軍旗並致訓詞〉，《人民網》，2016年1月2日，http://cpc.people.com.cn/BIG5/n1/2016/0102/c64094-28003839.html。

衡；在此之前，解放軍對相關計畫始終列為機密，僅在 2011 年約略證實訊息，甚且由於中國可以一艘航母成本製造約 1,200 枚「東風21D」，此種高度性價比對目前占有優勢的美國海軍不啻一大威脅，猶如湯森（Ashley Townshend）指出，「在中國的武器庫中，這款飛彈擁有比其他任何武器都來得強大的象徵意義」，[20] 事實上，不僅中國官方直接宣稱「東風 21D」可打擊海上目標（反艦飛彈），是解放軍進行不對稱作戰的「殺手鐧」，另一款射程 4,000 公里至 4,500 公里、被稱為「關島殺手」的「東風 26」，也具攻擊航母能力並可威脅「第二島鏈」，兩者聯手足以反制美國在西太平洋地區稱霸半個世紀的航母戰鬥群，這也是費學禮（Richard Fisher）何以認為「東風26」象徵中國對美國 A2/AD（Anti-Access/Area-Denial）競賽已然勝出之故。[21]

　　總的來說，因出口以 M 為開頭編號，又稱「M 族飛彈」之東風系列，既為 1967 年以來「二砲」部隊與 2016 年以來「火箭軍」關鍵武力，由於「東風 21C」可覆蓋第一島鏈所有島嶼，「東風 21D」針對第一及第二島鏈之間戰略目標，「東風 26」則具有打擊第二島鏈的能力，短期內既可彌補中國航母能力不足之缺陷，也是其發展航母戰略之重要補充。

---

[20]〈英媒：大陸閱兵展示航母殺手飛彈受矚目〉，《中央通訊社》，2015 年 9 月 2 日，http://www.cna.com.tw/news/aopl/201509020435-1.aspx。

[21] Wendell Minnick, "China's Parade Puts US Navy on Notice," *Defense News*, September 3, 2015, http://www.defensenews.com/story/defense/naval/2015/09/03/chinas-parade-puts-us-navy-notice/71632918/.

表 2-1　中國航母級船隻與相關艦艇

名稱	服役年份	排水量	備註
傳統動力航空母艦			
遼寧號 16	2012	55,000 噸	滿載排水量達 65,000 噸，為中國首艘航空母艦，最多可搭載 36 架各式飛機，母港為青島
山東號 17	2019	55,000 噸	滿載排水量達 70,000 噸，為中國首艘自製航母，最多可搭載 44 架各式飛機，母港為三亞
福建號 18	2024（？）	71,000 噸	滿載排水量達 80,000 噸，為首艘自製電磁彈射航母，預計搭載 60 架飛機，已於 2022 年 6 月下水
075 型直通甲板兩棲攻擊艦			
海南號 31	2021	35,000 噸	滿載排水量 40,000 噸，可搭載 30 架直升機與 3 艘 726 型氣墊登陸船（LCAC），編屬南部戰區
廣西號 32	2021	35,000 噸	075 型兩棲攻擊艦，編屬東部戰區
安徽號 33	2022	35,000 噸	075 型兩棲攻擊艦，編屬南部戰區
071 型崑崙山級船塢登陸艦			
崑崙山號 998	2007	18,500 噸	具隱形設計，可搭載 4 架直 8 直升機與 4 艘登陸艇，編屬南部戰區
井岡山號 999	2011	20,000 噸	滿載排水量約 25,000 噸，2010 年下水時為中國最大戰鬥船艦，編屬南部戰區
長白山號 989	2012	20,000 噸	編屬南部戰區
沂蒙山號 988	2016	20,000 噸	編屬東部戰區
龍虎山號 980	2018	20,000 噸	編屬東部戰區
五指山號 987	2019	20,000 噸	編屬南部戰區
四明山號 986	2020	20,000 噸	編屬東部戰區
祁連山號 985	2020	20,000 噸	編屬南部戰區

表 2-1 中國航母級船隻與相關艦艇（續）

名稱	服役年份	排水量	備註
訓練艦與公務船			
世昌號	1996	9,105 噸	國防動員艦與遠洋訓練艦，可同時起降 2 架直升機
中國海警 2901	2015	10,000 噸	滿載排水量達 12,000 噸，為全球最大海上巡邏艦，可搭載 2 架直升機
中國海警 3901	2016	10,000 噸	部署於南海地區
海巡 09	2021	10,700 噸	首艘萬噸級公務執法船，可搭載並起降直升機

資料來源：筆者自行整理。

總的來說，相較 1996 年中國水面艦隊僅由 57 艘驅逐艦和護衛艦組成（其中只有 3 艘載有短距離地對空導彈），幾乎「無法抵禦現代反艦巡航導彈」，但自胡錦濤在 2012 年十八大會議提出要將中國建設成能夠維護國家海洋權益的「海洋強國」，不僅 2015 年《中國的軍事戰略》白皮書再度確認「必須突破重陸輕海之傳統思維，高度重視經略海洋、維護海權」，[22] 對比美國海軍在 2016 年與 2017 年僅分別入列 5 艘與 8 艘新艦，同時期中國新增戰艦為 18 艘與 14 艘；更甚者，習近平在 2018 年檢閱南海部隊時還稱「建設強大的人民海軍的任務從來沒有像今天這樣緊迫」，[23] 結果如同美國海軍情報局（ONI）

---

[22] 戴政龍，〈對《中國的軍事戰略》白皮書之評析〉，《展望與探索》，第 13 卷第 7 期（2015 年）頁 30-31。

[23] 〈習近平：把人民海軍全面建成世界一流海軍〉，《新華網》，2018 年 4 月 22 日，http://www.xinhuanet.com/2018-04/12/c_1122674567.htm。

的估算，解放軍艦艇數量已在 2020 年底超越美國。[24]

　　根據表 2-1 所示，倘若以「可搭載飛行器」作爲廣泛定義，則中國目前擁有之廣義航母包括 2 艘 5.5 萬噸級傳統航母（遼寧號與山東號），7 艘 2 萬噸級 071 型兩棲船塢綜合登陸艦（對比美國聖安東尼奧級，目前暫無新造計畫）、3 艘 3.5 萬噸級 075 型兩棲攻擊艦（對比美國美利堅級，其中 2 艘將於 2021 年至 2022 年陸續入列，未來計畫開發 6 萬噸級 076 型）與 3 艘萬噸級海上執法船，分別配屬於東海與南海海域；其中，071 型與 075 型艦船除能搭載海軍陸戰隊進行島礁作戰，還可搭載兩棲機械化步兵師之氣墊船、兩棲坦克、兩棲運兵車及主戰坦克等，實施遠程兵力投送與進行大規模搶灘作戰，至少對台灣及亞太周邊海域已造成潛在但直接之安全威脅。

參、美國航母發展及其西太平洋戰略

一、美國太平洋航母編隊與戰略部署

　　作爲當前最大海上強權國家，美國海軍現有 11 艘 10 萬噸尼米茲級核子動力航空母艦（6 艘部署於太平洋艦隊），7 艘 4 萬噸胡蜂級兩棲攻擊艦（3 艘部署於太平洋艦隊）、2 艘 4.5 萬噸美利堅級兩棲突擊艦（均部署於太平洋艦隊，第三艘預計 2022 年下水）與 11 艘 2.5 萬噸級聖安東尼奧級兩棲船塢運輸艦（7 艘部署於太平洋艦隊，另 2

---

[24] "China has Built the World's Largest Navy, Now What's Beijing Going to Do with It?" *CNN*, March 6, 2021, https://edition.cnn.com/2021/03/05/china-china-world-biggest-navy-intl-hnk-ml-dst/index.html.

艘建造中），除雷根號駐守日本橫須賀基地，其餘母港均在美國本土，每艘航空母艦又可加上 7 艘至 10 艘各型護衛船艦共同編組成「航母戰鬥群」（Carrier Strike Group, CSG）。其中，下轄第三與第七艦隊之太平洋艦隊無論戰艦數量或技術領先性，在亞太地區海軍實力絕對位居首位，所屬大型船隻整理如表 2-2 所示；除總兵力達 23 萬人，包括 6 艘航空母艦、10 艘戰略導彈核潛艇、26 艘核動力攻擊潛艇與 100 艘各類作戰和後勤輔助艦船，總數約 230 艘左右。每艘航空母艦除裝備有防空、反潛、攻擊、預警和電子戰等各型飛機近 80 架，還配有海麻雀防空飛彈和火炮等，巡洋艦也都配備神盾級作戰系統。太平洋艦隊 6 個航母戰鬥群中，3 個母港位於美國西岸南側加州聖地牙哥，2 個在西岸北側華盛頓州，第六個駐防日本，即所謂「海軍前進部署武力」（Forward Deployed Naval Forces, FDNF）。[25]

表 2-2　美國太平洋艦隊所屬航母級船艦

名稱	服役年份	排水量	備註
尼米茲級航空母艦（Nimitz-class Aircraft Carrier）			
尼米茲號 CVN 68	1975	100,020 噸	1987 年改隸太平洋艦隊，在 1998 年至 2002 年間進行改裝
卡爾文森號 CVN 70	1982	101,300 噸	1983 年編入太平洋艦隊
羅斯福號 CVN 71	1986	104,600 噸	2014 年改隸太平洋艦隊
林肯號 CVN 72	1989	104,300 噸	1990 年編入太平洋艦隊，主要部署於波斯灣

25 Roland J. Yardley, et al., *Increasing Aircraft Carrier Forward Presence: Changing the Length of the Maintenance Cycle* (Santa Monica: RAND, 2008), pp. 5-6.

表 2-2　美國太平洋艦隊所屬航母級船艦（續）

名稱	服役年份	排水量	備註
史坦尼斯號 CVN 74	1995	103,300 噸	美國首艘網路化航母，1998 年編入太平洋艦隊
雷根號 CVN 76	2003	101,400 噸	21 世紀美國首艘服役航母，母港為日本橫須賀
胡蜂級兩棲攻擊艦（Wasp-class Amphibious Assault Ship）			
艾塞克斯號 LHD-2	1992	40,500 噸	駐防聖地牙哥港，搭載含 6 架 F35 之 36 架各型飛機
拳師號 LHD-4	1995	40,500 噸	駐防聖地牙哥港，搭載含 6 架 F35 之 36 架各型飛機
馬金島號 LHD-8	2009	40,500 噸	駐防聖地牙哥港，搭載含 6 架 F35 之 40 架各型飛機
美利堅級兩棲突擊艦（America-class Amphibious Assault Ship）			
美利堅號 LHA-6	2014	45,000 噸	以馬金島號為模型之升級版，第一艘美利堅級，駐防日本在世保港，可搭載 25 架 F35B
的黎波里號 LHA-7	2020	45,000 噸	駐防聖地牙哥港
聖安東尼奧級兩棲運輸艦（San Antonio-class Amphibious Transport Dock）			
紐奧良號 LPD-17	2007	25,000 噸	駐防日本在世保港，可搭載 4 架 CH-46 或 V-22
綠灣號 LPD-20	2009	25,000 噸	駐防日本在世保港
聖地牙哥號 LPD-22	2012	25,000 噸	駐防聖地牙哥港
安克拉治號 LPD-23	2013	25,000 噸	駐防聖地牙哥港
薩默塞特號 LPD-25	2014	25,000 噸	駐防聖地牙哥港
約翰莫沙號 LPD-26	2016	25,000 噸	駐防聖地牙哥港
波特蘭號 LPD-27	2017	25,000 噸	駐防聖地牙哥港

資料來源：筆者自行整理。

　　為持續捍衛國際水域自由航行與特定領海自由航行權，以及《聯合國海洋法公約》（UNCLOS）保障之海峽自由通行，保持航母戰鬥群不僅仍有其意義，[26] 相較多數建造於冷戰期間的航空母艦，根據美國海軍「CVN 21 計畫」（CVN 21 Future Aircraft Carrier Program）設計建造之「福特級」（Ford-class）航空母艦，[27] 乃是繼現役「尼米茲級」（Nimitz-class）核動力航母之後的新世代艦艇，全長 337 公尺，飛行甲板長 333 公尺，滿載排水量約 10 萬噸，共可搭載 75 架各型艦載機（包括 F-35C 匿蹤戰機、F/A-18E/F 超級大黃蜂戰機及無人飛行載具等）；根據美國海軍計畫，希望至 2058 年建造 10 艘福特級航艦。

二、中國崛起與美國航母戰略布局調整

　　儘管根據表 2-1 與表 2-2 對比，美國太平洋艦隊廣義航母 100 萬噸之總噸位數仍遠高於中國加總之 40 萬噸（不包括其他支援船隻），但為了未雨綢繆因應中國軍力崛起與北韓核武問題發展，美國逐漸浮現把力量從大西洋移至太平洋的想法。例如在 2004 年便由 7 支航母戰鬥群在全球同時展開「夏季脈動 04」（Summer Pulse 04）聯合演習行動，這也是美國首次在「艦隊緊急反應計畫」（Fleet Response

---

26　Paolo Florentino, "The Strategic Value of Aircraft Carriers: Are They Worth the Investment?" *The Journal of JAPCC*, Ed 29 (2020), https://www.japcc.org/the-strategic-value-of-aircraft-carriers-are-they-worth-the-investment/.

27　John Schank, et al., *Modernizing the US Aircraft Carrier Fleet: Accelerating CVN 21 Production Versus Mid-Life Refueling* (Santa Monica: RAND, 2005).

Plan, FRP）新作戰機制下展開演習。[28]接著，五角大樓於2005年的《國防戰略報告》（*National Defense Strategy Report*）中宣稱「美國的軍事戰略重心將在21世紀上半葉逐漸轉向亞太地區」後，2006年的《四年期程防務評估》（*Quadrennial Defense Review*, QDR 2006）亦明確表示將提升美軍在太平洋地區的戰鬥能量，並將部署於太平洋的航母由5艘增至6艘，至於歐巴馬政府在2009年揭櫫「重返亞洲」新戰略方向後，2010年《四年期程防務評估》（QDR 2010）則在強調美國應當更廣泛建立同盟和合作夥伴關係之外，同時指出必須具體提升A2/Ad能力，一方面暗示對中國潛艇與飛彈能力升高之警惕，也延續將中國視為區域安全重點防範對象之思考路徑。

就在「中國威脅」逐漸成為其戰略調整焦點之際，美國對中國海軍發展計畫亦保持高度關注；[29]例如中國在2011年航母平台首次出海試航後，美國國務院隨即公開要求其解釋發展航母用意，並對中國軍力發展缺乏透明度表示憂慮。更甚者，由於近期美中在南海地區衝突情勢日益緊張，美國太平洋艦隊一方面傾向更積極在西太平洋地區進行部署，例如駐守聖地牙哥的第三艦隊與部署在日本的第七艦隊建立

---

28 所謂FRP乃緣起於2001年的QDR報告，它改變了美軍沿用多年、同時向一個熱點地區部署2個航母戰鬥群的規定，取而代之的是可向全球任何熱點地區同時部署至少6個航母戰鬥群，並有另外2個航母戰鬥群隨時可準備增援或輪換力；原因是五角大樓認為，美軍如果想在兩場甚至超過兩場幾乎同時爆發的衝突中迅速取勝，那麼就得發展新的戰法。Benjamin Lambeth, *American Carrier Air Power at the Dawn of a New Century* (Santa Monica: RAND, 2005), chapter 4.

29 Richard Weitz, "Meeting the China Challenges: Some Insights from Scenario-Based Planning," *The Journal of Strategic Studies*, Vol. 24, No. 3 (2001), pp. 19-48.

更緊密合作，更新自身航母戰鬥群也成爲政策重點。

　　值得注意的是，儘管蘭德公司（RAND）由龔培德（David C. Gompert）在 2013 年撰寫的報告中指出，[30] 東亞海域將上演新興海上力量挑戰老牌強國的經典案例，這種競爭可能會導致對抗、危機或戰爭，因此他建議美國政府應減少對航空母艦等水面艦艇的依賴性，轉而尋求與周邊國家建立海上合作關係，不過，美國海軍仍將確保至少擁有 12 艘航空母艦設定爲戰略目標。據此，在企業號（CVN 65）於 2012 年退役之後，儘管美國一度只餘 10 艘航母，但隨著福特號（CVN 78）於 2017 年成軍與甘迺迪號（CVN 79）亦於 2019 年下水（預計 2024 年服役），加上尼米茲級延役計畫與福特級新建計畫之陸續推動，以及 2019 年 F35 在美利堅號兩棲攻擊艦成功起降之戰略與戰術暗示，美國海軍在可見未來仍將對中國維持具備明顯優勢之嚇阻能力。

肆、浮現中之亞洲航母競賽

　　由於經濟力量快速發展加上周邊安全環境的不確定性，東亞地區似乎逐漸掀起一波「航母競賽」；除了前述中國已有 2 艘服役中與 2 艘建造中航母，日本陸續建造 4 艘被認爲「實際上輕型航母」的大型直升機護衛艦（Helicopter Destroyer, DDH），原即擁有航母並在

---

[30] David C. Gompert, *Sea Power and American Interests in the Western Pacific* (Santa Monica: RAND, 2013).

1980 年代提出「大國海洋戰略」構想的印度，也將改裝、研製和引進新型航空母艦列為主要目標。從表 2-3 可見，東亞地區自新世紀以來隱然出現一波大型船艦建造風潮，[31] 加上美國戰略重心轉移促使更多航母被部署至西太平洋，甚至法國與英國航母也在 2021 年陸續駛入東亞海域，致使此地區不但成為全球航母活動最密集之處，一旦競爭態勢無法緩解，勢必深化周邊國家加入新一波軍備競賽。

表 2-3　東亞主要國家航母級船艦發展

名稱	服役年份	排水量	備註
日本			
日向號 DDH 181	2009	13,500 噸	滿載排水量 19,000 噸，最多可搭載 11 架直升機
伊勢號 DDH 182	2011	13,500 噸	第二艘日向級護衛艦
出雲號 DDH 183	2015	19,500 噸	滿載排水量 27,000 噸，為日本戰後最大艦艇，可搭載 28 架直升機，2021 年完成改裝後可搭載 F-35
加賀號 DDH 184	2017	19,500 噸	第二艘出雲級護衛艦，2022 年開始改裝
大隅號 LST 4001	1998	8,900 噸	滿載排水量 14,000 噸，可搭載 2 架直升機或旋翼機
下北號 LST 4002	2002	8,900 噸	第二艘大隅級登陸運輸艦
國東號 LST 4003	2003	8,900 噸	第三艘大隅級登陸運輸艦

---

31 為因應越南 1989 年自柬埔寨撤軍後新區域情勢，並強化捍衛海洋權益能力，泰國在 1992 年決定自西班牙引進輕型航空母艦，並於 1997 年正式服役；儘管它確實提高其戰略影響，泰國實則並無餘力繼續擴大發展。

表 2-3　東亞主要國家航母級船艦發展（續）

名稱	服役年份	排水量	備註
敷島號 PLH 31	1992	6,500 噸	滿載排水量達 9,500 噸，隸屬海上保安廳，至 2014 年底為全球最大海上巡邏艦，可搭載 2 架直升機
秋津島號 PLH 32	2013	6,500 噸	天皇於 2015 搭乘前往帛琉訪問
印度			
超日王號	2013	45,400 噸	自俄羅斯購入，搭載 12 架 MiG 29 與 10 架直升機
維克蘭特號 IAC	2022	47,000 噸	為印度首艘國產航母，可搭載 30 架飛機
海馬號 Jalashwa	1971	16,900 噸	2007 年接收美國奧斯汀級船塢登陸艦特倫頓號，可搭載 6 架 UH-3 直升機
泰國			
查克里納呂貝特號 R911	1997	7,000 噸	滿載排水量 11,500 噸，可搭載 8-14 架戰鬥機，為全球噸位最小航空母艦
澳洲			
坎培拉號 L02	2014	27,000 噸	兩棲攻擊艦，澳洲海軍史上最大噸位船艦，可搭載 18 架攻擊直升機，未來亦可起降 F35
阿德萊德號 L01	2015	27,000 噸	第二艘坎培拉級兩棲攻擊艦
韓國			
獨島號 LPH 6111	2007	14,300 噸	滿載排水量 18,000 噸，全通甲板式兩棲攻擊艦，可搭載 10 架直升機
馬羅島號 LPH 6112	2021	14,500 噸	獨島級二號艦，滿載排水量 19,000 噸，可搭載 7 至 12 架直升機
俄羅斯			
庫茲涅佐夫號	1991	59,100 噸	俄羅斯唯一航母，部署於北方艦隊，目前改裝維修中

資料來源：筆者自行整理。

一、日本

　　日本不僅作爲全球主要海軍國家，尤其反水雷及反潛戰能力長期位居世界領先地位，尤其冷戰結束後的 1995 年至 2005 年間更持續擴大國際參與。[32] 值得注意的是，據稱日本早在1952年便開始透過一份被稱爲《新日本海軍再建案》研究報告，啓動重新建造航空母艦的夢想，雖因美國因素與經費考量而擱置，仍自 1958 年起逐步提升防衛戰力，分別於 1958 年至 1960 年、1962 年至 1966 年、1967 年至 1971 年與 1971 年至 1976 年四度提出《整備計畫》；其中，第三次計畫中推出一種創新性艦種，即直升機護衛艦（DDH），[33] 首先是在滿載排水量 6,500 噸艦體上裝載 3 架海王式直升機的「榛名級」，包括榛名號（DDH 141，1973 年竣工，2009 年退役）與比叡號（DDH 142，1974 年竣工，2011 年退役）2 艘，以及升級配備 3D 掃描雷達的「白根級」，包括白根號（DDH 143，1980 年竣工，2015 年退役）和鞍馬號（DDH 144，1981 年竣工，2017 年退役）。

　　隨著 1992 年通過《國際平和協力法》（一般稱爲海外派兵法或 PKO 法），日本軍方原先規劃之戰車登陸艦也成爲海外派遣部隊母艦，首艘滿載排水量 14,000 噸的「大隅號」（LST 4001）登陸運輸艦（歐美分類屬於兩棲攻擊艦）於 1998 年服役，並成爲當時海上自

---

[32] Naoko Sajima and Kyochi Tachikawa, *Japanese Sea Power: A Maritime Nation's Struggle for Identity* (Canberra: Sea Power Centre, 2009), p. 85.

[33] 護衛艦這一名稱是日本海上自衛隊爲避諱而對軍艦的公開稱呼；在其分類中，護衛艦包括以防空爲主的飛彈驅逐艦（DDG）、以反潛爲主的驅逐艦（DD）、較小型以護航爲主的護航驅逐艦（DE），以及直升機護衛艦（DDH）。

衛隊最大艦艇；一般認為，具飛行甲板之「大隅級」（其後 1999 年至 2000 年又服役 2 艘同級艦艇）其實可算某種潛在航母，從而為日本擁有真正航母奠定基礎。其後，為回應「中國海軍威脅」，同時為突破憲法精神之限制，日本首先巧妙地將航空母艦分為「攻擊型」和「防禦型」兩種，前者指美國擁有之 10 萬噸級航母，後者則是僅約 1 萬至 2 萬噸，只能使用直升機與垂直起降飛機的航母，接著藉由 2000 年批准防衛廳提出的五年期（2001 年度至 2005 年度）《新中期防衛力整備計畫》，推出一款 13,500 噸型的 DDH，作為前述「榛名級」與「白根級」的後續加強版本，一般認為這是種「實際上的輕型航母」。據此，首先出現的是日向號和伊勢號 2 艘先後服役的「日向級」，其次是升級版滿載排水量達 2.7 萬噸的「出雲級」（包括出雲號和加賀號），無論從噸位、布局到功能都已完全符合現代輕型航母的特徵，因其可搭載 14 架直升機，無論反潛能力與覆蓋海域也增加數倍，對中國海軍潛艇部隊將帶來威脅。

　　從歷史可見，日本在航母發展上其實比中國更早且更久，問題是，一方面受限和平憲法與美日同盟，其次則後者在 2010 年代的提速擴張過程瞬間帶來「反超」的結果。基於對近年中國海軍速度與進程之憂慮，[34] 日本在 2017 年開始認真思考改裝輕型航母計畫，[35] 其中，

---

[34] Alexander Neill, "Japan's Growing Concern over China's Naval Might," *BBC*, May 28, 2017, https://www.bbc.com/news/world-asia-39918647.

[35] Tyler Nguyen, "Improving Amphibious Capabilities: Japan's New Expeditionary Force," *Journal of Territory and Maritime Studies*, January 25, 2021, https://www.journalofterritorialandmaritimestudies.net/post/improving-amphibious-capabilities-

出雲號已於 2020 年至 2021 年完成第一階段改裝工程，使其可起降 F35B 戰鬥機，第二階段預計於 2024 年進行，至於加賀號也於 2021 年展開改裝，預計 2022 年將一次性完成；儘管如此，由於中國可能 在 2024 年有 2 艘 8 萬噸級新航母與 2 艘 4 萬噸級兩棲攻擊艦入列， 屆時日本的壓力恐難有效緩解。

二、印度

印度自 1980 年代起開始積極實踐「印度洋控制戰略」，重點發 展遠洋作戰能力，1990 年代更擬定一項為期 25 年（1990～2015）的 海軍現代化計畫，提出「遠洋殲敵」戰略；[36] 其後，在 2004 年、2007 年與 2009 年數度提出的《海洋戰略藍皮書》中，[37] 亦明確指出建設遠 洋海軍構想，以確保在該區域優勢地位。

事實上，印度本即二次大戰後首先擁有航空母艦的亞洲國家。 1961 年自英國購入之尊嚴級（Colossus-class）維克蘭特號（*Vikrant*, R11）輕型航母，曾在 1971 年第三次印巴戰爭中負責封鎖東巴基斯 坦任務，最後於 1996 年退役，至於 1986 年同樣購自英國退役競技神 號（*HMS Hermes*）的維拉特號（*Viraat*, R22），也在 2017 年退役。

---

japan-s-new-expeditionary-force.

[36] Dick Sherwood, ed., *Maritime Power in the China Seas: Capabilities and Rationale* (Canberra: Australian Defense Studies Center, 1994), pp. 36-37; James R. Holmes, Andrew C. Winner and Toshi Yoshihara, *Indian Naval Strategy in the Twenty-First Century* (Abingdon: Routledge, 2009), pp. 61-65.

[37] See Indian Navy, Integrated Headquarters, INBR-8, *Indian Maritime Doctrine* (2004 & 2009), and *Freedom to Use the Sea: India's Maritime Military Strategy* (2007).

目前現役者僅有 2004 年自俄羅斯購入戈爾什科夫元帥號（*Admiral Gorshkov*），後更名為「超日王號」（*Vikramaditya*）的 4.5 萬噸航母，噸位和主要性能非常接近法國「戴高樂」號航母。除此之外，印度早在 1989 年便宣布過一項建造 2 艘新式維克蘭級（Vikrant）國產航母（Indigenous Aircraft Carrier, IAC）的計畫，但 1991 年與 1993 年兩度遭國防委員會否決，直到 2003 年才獲批准，首艘雖早在 2013 年便下水測試，但排水量僅約 4 萬噸，且遲至 2021 年才展開海試，至於計畫提升至 6.5 萬噸的第二艘計畫亦遙遙無期。

正如「製造航母將讓印度加入世界菁英俱樂部」之宣示，[38] 這正是該國戰略目標所在。問題是如同日本一般，印度的航母計畫也早於中國，但進度明顯落後許多；為彌補此一缺陷，印度在 2007 年從美國購入 1 艘退役的奧斯汀級船塢登陸艦，並在 2011 年至 2013 年間制定建造 3 萬至 4 萬噸級兩棲攻擊艦的計畫，但稱之「多功能支援艦」（Multi-Role Support Vessel, MRSV），預計在 2020 年完成 4 艘，[39] 但遲至 2021 年仍未動工，後續進展有待追蹤觀察。

三、澳洲

澳洲於 2007 年宣布斥資 93 億美元從西班牙購進 5 艘新型軍

---

[38] "India Joins Elite Club with Launch of Its Own Aircraft Carrier," *The Japan Times*, August 12, 2013, http://www.japantimes.co.jp/news/2013/08/12/asia-pacific/india-to-join-elite-club-with-launch-of-own-aircraft-carrier/#.VKXKNBz9mUk.

[39] "India Issues RFI For The Procurement of Four LPD Amphibious Vessels," *Naval News*, August 25, 2021, https://www.navalnews.com/naval-news/2021/08/india-issues-rfi-for-the-procurement-of-four-lpd-amphibious-vessels/.

艦，目標是打造亞太地區最強大海軍之一，並進一步提升戰略防禦能力。[40] 事實上，由於澳洲四面環海，本來便高度重視海軍建設，雖曾於 1955 年至 1984 年擁有過一艘 14,200 噸墨爾本號（*Melbourne*, R21）航空母艦，已於冷戰末期退役，因此早在 2003 年便宣布將根據《國防專案計畫 2048》（JP2048），購買 2 艘新型兩棲攻擊艦（Landing Helicopter Dock, LHD）以取代服役中的 2 艘 8,450 噸級登陸艦。[41] 此型被命名為「坎培拉級」（Canberra-class）的新艦艇，將可起降最多 18 架直升機並預留起降 F35 的可能性，並將配備新型通訊設備，必要時可作為海上遠端作戰指揮平台，預計將可提升該國對外投射能力。首艘坎培拉號（*Canberra*, L02）與第二艘阿德萊德號（*Adelaide*, L01）已分別於 2014 年和 2015 年服役，由於該型艦艇或將繼日本加賀級之後改裝起降 F35 戰鬥機，對南太平洋戰略影響力相當大。

四、韓國

早在 20 世紀末提出打造「遠洋藍水海軍」的長期戰略以來，[42] 韓國海軍在發展航母方面便採取類似日本的做法，亦即以建造「大型多

---

[40] "Australia to Buy Spanish Warships," *The Sydney Morning Herald*, June 20, 2007, https://www.smh.com.au/national/australia-to-buy-spanish-warships-20070620-gdqfjr.html.

[41] Australia Department of Defence, *Defence Capability Plan 2001-2010* (Canberra: Department of Defence, 2001), pp. 101-108.

[42] Emine Akcadag Alagoz, "Blue-Water Navy Program as a Part of South Korea's Hedging Strategy," *Security Strategies*, No. 25 (2013), pp. 65-97.

功能登陸艦」作為過渡階段。為此，韓國一度以廢鐵名義自俄國購得基輔級明斯克號作為參考，最終目標是建造 5 萬噸級航母，至於第一階段是打造出一艘 2007 年服役、排水量為 1.4 萬噸（滿載排水量 1.8 萬噸），最多可搭載 15 架直升機的「獨島號」兩棲攻擊艦（LPX），設計時保留必要時可改造為輕型航母並搭載 F35 之可能性，但因擔心引起鄰國不安，韓國一直以「具大型運輸能力的兩棲艦艇」來定義，甚至否認該艦在戰時可轉用作輕型航母。無論如何，為配合戰略機動艦隊（與美軍重返亞洲後之前進戰略）部署，韓國一方面在 2006 年至 2014 年投資 8.5 億美元在濟州島南端建造海軍基地，第二艘 LPX「馬羅島號」也於 2021 年入列服役；更甚者，南韓還在 2020 年 12 月發布之《2020-2024 年中期防禦計畫》中列入興建 4.5 萬噸級 LPX 升級版 CVX 相關規劃，目標是搭載 20 架 F35B 或國產 KF21，[43] 推估其形制可能接近迷你版英國伊莉莎白女王號航母，至於首艘則計畫在 2033 年服役。

五、俄羅斯

　　由於面臨預算窘境，俄羅斯目前僅有庫茲涅佐夫號一艘現役航母，在蘇聯解體後雖不再研製新航空母艦，隨著美國與北約對東歐戰略壓力日增，「重新建造航母」呼聲也愈來愈高。首先是 2005 年制

---

[43] Xavier Vavasseur, "South Korea Officially Starts LPX-II Aircraft Carrier Program," *Naval News*, January 4, 2021, https://www.navalnews.com/naval-news/2021/01/south-korea-officially-starts-lpx-ii-aircraft-carrier-program/.

定了在 2017 年完成 2 艘至 4 艘新航母的計畫，其次是根據 2007 年發布的 20 年海軍發展規劃，目標則放在 2025 年擁有 6 艘航母上頭。儘管如此，受限於蘇聯時期航母建造中心其實位於烏克蘭，加上 2008 年全球金融海嘯與國際油價暴跌衝擊，俄羅斯雖在 2011 年又宣布一項 2023 年完成航母的新計畫，但 2015 年才公布模型，服役時間也拖緩至 2030 年。為彌補落後進度，俄羅斯在 2011 年向法國訂購 2 艘 2.2 萬噸西北風級（Mistral-class）兩棲攻擊艦，並分別於 2013 年與 2014 年下水，但因爆發烏克蘭危機，法國決定放棄此一軍購案並轉賣埃及。為加以應對，俄羅斯首先在 2015 年針對庫茲涅佐夫號（*Admiral Kuznetsov*, 063）航母進行改裝升級工程，預計 2021 年完成，其次則是在 2020 年以 1.36 億美元推動建造 2 艘 4.4 萬噸級之 23900 型兩棲攻擊艦，預計在 2025 年與 2027 年投入服役，[44] 但依前述經驗看來，前途仍難以預料。

伍、結論

　　從 1910 年美國海軍在伯明翰號（*USS Birmingham*, CL-2）巡洋艦試飛第一架飛機，到 1922 年世界第一艘標準航母（日本帝國海軍鳳翔號）服役，航母發展迄今已有一個世紀的歷史，不僅以艦載機攻

---

44 "Russia's Two Assault Carriers under Construction Could Be the Biggest in the World," *Military Watch*, February 8, 2021, https://militarywatchmagazine.com/article/russia-s-two-assault-carriers-under-construction-could-be-the-biggest-in-the-world-jump-jet-fighters-likely-to-follow.

擊敵方軍艦的遠端作戰，改變了艦炮互射的傳統海戰模式，更於第二次世界大戰中終結了大炮巨艦的主力艦時代。值得注意的是，儘管由於科技進步帶動大規模軍備更新，例如更精準之長程飛彈技術，航母的未來也成爲一大問題，致使許多戰略分析家紛紛質疑，昂貴的航母不過是個「高單價的標靶目標」罷了，儘管如此，正如美國國會在審批航母經費時指出，「也許航母在未來戰爭中將不堪一擊，但充其量不過是損失航母而已，如果不繼續建造下去，我們失去的將是海上霸權」，其原因是，航母戰鬥群不僅迄今仍是人類世界中最強大的攻擊能量，更是霸權的國際地位象徵，何況海權爭奪在過去數世紀以來始終與霸權興衰息息相關。

　　正因如此，隨著東亞各國海上安全力量普遍增長，當地區內若干大國想展示戰略力量時，特別是海上軍備競賽更難以避免。根據 SIPRI 統計，近年來亞洲地區已迅速躍升成爲世界最大的軍火銷售市場，2009 年至 2013 年軍火交易總額占同期全球總量將近一半，不僅前五大進口國都在亞洲，2019 年全球 1.9 兆美元的軍事支出不僅增幅乃 2010 年以來新高，總量也達到「冷戰結束以來最高點」。[45] 由此一方面反映出亞太區域乃至全球範圍內各國普遍的不安全感，以及國際結構出現權力轉移的可能性，對崛起態勢最快且預算壓力相對較低的中國來說，更不可能輕易放棄此一「戰略機遇期」；對此，除了掌握

[45] Nan Tian, et al., "Trends in World Military Expenditure, 2019," *SIPRI*, April 2020, https://www.sipri.org/sites/default/files/2020-04/fs_2020_04_milex_0.pdf.

部分具關鍵戰略象徵性工具（例如洲際飛彈、航空母艦、衛星系統、太空技術等）非常重要，海軍艦艇總量與船隻噸位規模之明顯跳躍更引發關注。[46] 當然，這僅僅將帶來某種「不確定性」，未必暗示著某種「無可避免的衝突」。

美國「軍事觀察」（Military Watch）網站在 2021 年 4 月將美國、中國、俄羅斯、日本與韓國列入「全球海軍五強」，一方面點出全球海權重心逐漸東移至亞洲與各國競相進行航母與潛艦建設之現象，並點出美中爭霸或將決定下一階段全球海上霸權歸屬。[47] 無論此種評論是否具備客觀基礎，如同本文整理指出，東亞主要國家自 2010 年代以來陡然加速海軍建設乃是無疑事實，一方面中國的海軍發展絕對是這一波集體行動的催化劑與加速劑，這些競爭者之緊密地緣關係更埋下某種「安全困境」的因子；如果依照各國規劃進行，預期到 2030 年左右，西太平洋第一島鏈內側將成為全世界航空母艦密度最高的地區，由此所暗示之衝突性變數，或也可能指向下一階段國際關係之起點。

---

[46] Office of the Secretary of Defense, *Military and Security Developments Involving the People's Republic of China 2020*, https://media.defense.gov/2020/Sep/01/2002488689/-1/-1/1/2020-DOD-CHINA-MILITARY-POWER-REPORT-FINAL.PDF.

[47] "World's Five Most Powerful Navies: Which Power Will Rule the Seas in the 2020s?" *Military Watch*, April 19, 2021, https://militarywatchmagazine.com/article/worlds-five-most-powerful-navies-which-power-will-rule-the-seas-in-the-2020s.

|第三章|
走出近海：中共海軍兵力投射能力之發展與限制[*]

陳育正[**]

[*] 本文爲筆者個人獨立觀點，不代表單位立場；文章內容修改自筆者 2021 年
10 月 6 日發表於國防安全研究院舉辦的「2021 中國大陸內外總體情勢分析」
學術研討會。

[**] 中興大學國際政治研究所博士。現任國防大學中共軍事事務研究所助理教
授。研究領域爲國際關係、中國軍事發展、東亞區域安全問題等。

壹、前言

　　中國在 1990 年代開始在經濟層面快速發展，逐漸提高中國人民解放軍（以下稱共軍）軍事現代化的努力。[1] 只不過在前領導人鄧小平與中共海軍上將劉華清等人推動海軍「近海防禦」戰略，[2] 如今已經愈來愈不符合中國整體安全需求現況。習近平接任中共最高領導人之後，象徵中共加快建設海洋強國時代，也是確定將強大海軍視爲遠程目標。2015 年 5 月所發表的《中共的軍事戰略》內容指出，「海軍建設發展係按照『近海防禦、遠海護衛』的戰略要求，逐步實現『近海防禦』型向『近海防禦與遠海護衛』型結合轉變。」[3] 基本來說，中共規劃將其海軍建設成爲藍水海軍。

　　中共軍事單位所出版《戰略學》一書當中，指出中共國家安全威脅主要來自海洋，軍事鬥爭焦點、利益擴展也在海洋，[4] 建設遠洋海軍即成爲重要目標。[5] 後來中共也擴大對於海外利益的立場，首次提出「海外利益攸關區」的概念，試圖透過提高國際安全合作方式，維護

---

[1] 本文依《中華民國108年國防報告書》使用「中共」指涉中華人民共和國，「共軍」指涉中國之軍隊，然若是特殊職稱則以中華人民共和國全名稱呼之。

[2] Nan Li and Christopher Weuve, "China's Aircraft Carrier Ambitions: An Update," *Naval War College Review*, Vol. 63, No. 1 (March 2010), p. 12.

[3] 孫力爲，〈中共的軍事戰略〉，《新華社》，2015 年 5 月 26 日，http://www.mod.gov.cn/big5/regulatory/2015-05/26/content_4617812_5.htm。

[4] 軍事科學院軍事戰略研究部編著，《戰略學》（北京：軍事科學出版社，2013 年），頁 209。

[5] 楊震、方曉志，〈海洋安全視域下的中國海權戰略選擇與海軍建設〉，《國際展望》，第 4 期（2015 年），頁 94。

其海外利益安全，也對外宣示共軍在海外的活動範圍將愈來愈廣，尤其是在保護其海洋權益與海洋安全。[6]

　　習近平還對共軍提出長遠戰略目標，要求共軍在2050年達到「世界一流」軍隊，這是支持他所提出「中華民族偉大復興」的一部分。中共戰略學者認為，世界一流的軍隊必須要具備在海外其他區域的兵力投射的能力，包括遠洋海軍、空軍與地面部隊。部分研究則認為中共提升其海上力量，對於捍衛中共主權、確保逐漸擴大的海外利益，以及改變在區域內的軍事平衡有相當重要性，中共海軍扮演愈來愈重要的角色。

　　共軍提升海軍兵力投射能力可以制衡美國在印度太平洋地區（Indo-Pacific）（以下稱印太地區）的軍力存在。美國國會研究處（Congressional Research Service）日前發布報告指稱，中共的海軍現代化進展，目前已經透過先進的反艦飛彈、防空武器系統，以及反潛作戰等能力所構成。中共海軍艦艇總數量目前已經超越美國，預估中共在2030年時將達到425艘，中共海軍確實可以提供部分反介入與區域拒止（Anti-Access/Area-Denial, A2/AD）能力，造成美軍介入（intervene）近海周邊軍事衝突時，可能導致失敗、延遲其反應，或降低美軍介入程度的效果。[7]

6　歐錫富、黃宗鼎，《2018中共政軍發展評估報告》（台北：國防安全研究院，2018年），頁74；馬宏偉，《走向深藍的中國海軍》（上海：復旦大學出版社，2020年），頁186。

7　Ronald O'Rourke, "China Naval Modernization: Implications for U.S. Navy Capabilities—Background and Issues for Congress," *U.S. Congressional Research*

共軍提升其軍事力量確實也衝擊第一島鏈、第二島鏈，以及印太國家的安全。對於我國來說，北京政府已經表明必須在 2049 年以前完全解決「台灣問題」，[8]若是動用武力方式解決台灣問題，很可能會面對美軍的介入，因此，共軍強化在台海發生戰事時打贏戰爭的能力，特別是阻止美軍介入。[9]另外，北京政府逐漸擴大在東海、南海與西太平洋地區的軍事活動，突顯中共正在建立對區域安全更為積極與主動的軍事態勢，[10]使得許多印太國家陸續調整其國防政策，強化自身戰力與軍備能力，以應對包括來自中共和其他多樣化的安全威脅。

共軍在未來地緣政治和軍事行動，會扮演更多角色在其中，對於印太地區與我國的安全層面來看，確實具有一定程度的衝擊與影響。本文嘗試從公開文獻當中，探討中共發展遠海海軍的動機、海外兵力

Service, August 3, 2021, pp. 2-5, https://crsreports.congress.gov/product/pdf/RL/RL33153/252.

8 "Annual Report to Congress: Military and Security Developments Involving the People's Republic of China 2020," *U.S. Department of Defense*, September 1, 2020, p. 3, https://media.defense.gov/2020/Sep/01/2002488689/-1/-1/1/2020-DOD-CHINA-MILITARY-POWER-REPORT-FINAL.PDF.

9 M. Taylor Fravel and Christopher P. Twomey, "Projecting Strategy: The Myth of Chinese Counter-intervention," *The Washington Quarterly*, Vol. 37, No. 4 (Winter 2015), p. 171; M. Taylor Fravel, "Shifts in Warfare and Party Unity," *International Security*, Vol. 42, No. 3 (Winter 2017/18), pp. 80-82.

10 Chung Min Lee and Kathryn Botto, eds., "Korea Net Assessment: Politicized Security and Unchanging Strategic Realities," *The Carnegie Endowment for International Peace*, March 18, 2020, pp. 55-66, https://carnegieendowment.org/files/Korea_Net_Assesment_2020.pdf; "Defense White Paper 2021," *Defense of Japan*, July 2021, p. 58, https://www.mod.go.jp/en/publ/w_paper/wp2021/DOJ2021_EN_Full.pdf.

投射能力的發展現況，以及目前的限制情況。

貳、中共擴大兵力投射能力的戰略動因

共軍目前的整體戰略方向進行修正、調整，主要是源起於自身的安全環境所帶來的威脅與機會，使得中共必須進行改變。本文認為中共擴大兵力投射的原因主要來自不同戰略需求。

一、主權、政治利益相複合

中共自 1949 年以來，一直將解決台灣問題視為最重要的政治目標。[11] 尤其在習近平 2012 年接任國家領導人之後，確立「兩個百年」、「強國夢」、「國家復興」等目標，不僅在參與國際事務方面更顯得積極，與此同時，共軍的發展也針對「解決台灣問題」為其發展的主要方向，加速其軍事現代化進程。中共利用軍事手段對我國施加壓力本來就不曾減少，甚至自從 2016 年之後，反而有提高對台灣軍事恫嚇的趨勢，[12] 更重要的是，中共領導人重申不放棄使用武力解

[11] Andrew N.D. Yang, "Taiwan's Defense Preparation Against the Chinese Military Threat," in Michael D. Swaine, Andrew N.D. Yang and Evan Medeiros, eds., *Assessing the Threat: The Chinese Military and Taiwan's Security* (Washington D.C.: Carnegie Endowment for International Peace, 2007), pp. 266-267.

[12] Yi-huah Jiang, "Taiwan's National Identity and Cross-Strait Relations," in Lowell Dittmer, ed., *Taiwan and China: Fitful Embrace* (Oakland: University of California Press, 2017), p. 37 ; Richard C. Bush, "What Xi Jinping said about Taiwan at the 19th Party Congress," *The Brookings Institute*, October 19, 2017, https://www.brookings.edu/blog/order-from-chaos/2017/10/19/what-xi-jinping-said-about-taiwan-at-the-19th-party-congress/ (accessed 2020/6/10).

決台灣問題。[13] 換言之，能否解決台灣問題是涉及中共的主權與領土
完整，畢竟中共假使無法自己主宰台灣的問題，那麼就無法與「強國
夢」、「國家復興」等名稱相匹配，顯然也和中共領導人的政治利益
相連結。

　　中共在東海與南海問題方面，則是牽涉到其歷史領土主權問題
以及地緣戰略，使得共軍的發展方向，被賦予重要的使命。中共對
於東海問題來說，自認為擁有釣魚臺的領土主權地位，同時規劃爭
奪東海控制權，確保軍力能自由進出太平洋通道，畢竟，就戰略地
緣而言，美國與日本的軍事存在，嚴重地影響中共在東海問題方面
主權利益與地緣戰略布局。[14] 美日同盟長期在沖繩等第一島鏈（first
island chain）範圍裡軍事部署，嚴重地限制中共海軍遠洋的活動能
力，[15] 更何況美國政府至今並未改變對台灣的「戰略模糊」（strategic
ambiguity），[16] 對於中共而言，美國未明確表達是否會在中共透過非

[13] Eleanor Albert, "China-Taiwan Relations," *Council on Foreign Relations*, January 22, 2020, https://www.cfr.org/backgrounder/china-taiwan-relations (accessed 2021/1/16); USCC, "2019 Annual Report to Congress: Chapter 5 - Taiwan," *U.S.-China Economic and Security Review Commission*, November 2019, p. 450, https://www.uscc.gov/sites/default/files/2019-11/Chapter%205%20-%20Taiwan.pdf (accessed 2020/6/10).

[14] 黃大慧、趙羅希，〈日美強化同盟關係對中國周邊安全的影響〉，《現代國際關係》，第 10 期（2015 年），頁 32-33。

[15] 胡波，《2049 海洋強國夢：中國海上權力崛起之路》（台北：凱信企管顧問，2018 年），頁 85-86。

[16] "In Conversation: Kurt Campbell, White House Indo-Pacific Coordinator," *Lowy Institute*, December 1, 2021, https://www.lowyinstitute.org/publications/conversation-white-house-indo-pacific-coordinator-kurt-campbell.

和平手段改變台海現狀時出兵協防台灣，因此，面對美軍未來可能「干預」台海軍事衝突的可能性就存在，[17] 這個原因促使共軍必須做好軍事鬥爭的準備。

　　中共對於南海問題部分，受到國際形勢的外部壓力愈來愈大。中國對於南海及其周邊海域具有多重利益，包括「扼控海上生命線」、「發展海洋經濟重要支撐」，中共認為越南與菲律賓等國家逐漸在其占領島礁進行建設、強化對島礁實質控制能力，並且對西沙與中沙群島滲透，甚至拉攏美國、印度等區域外大國介入南海爭端，使得中共面臨龐大國際壓力。[18]

　　另一方面，中共控制的南海島礁，與大陸本土距離遙遠，未來一旦在區域爆發軍事衝突時，共軍必須要有能力在南海廣大海空域範圍之內，執行空中與水面的裝備與部隊的運輸能力。根據美國海軍戰爭學院（Naval War College）研究報告指出，共軍近期在演練民用航運方式支援海上後勤與兩棲登陸作戰取得成效，但目前在這些能力要運用在對台登陸作戰時，納入天候與戰場環境等因素在內，仍存在其局限性。[19] 我國國防安全研究院研究員歐錫富認為，共軍兩棲作戰艦近

---

[17] Steven M. Goldstein, "In Defense of Strategic Ambiguity in the Taiwan Strait," *The National Bureau of Asian Research*, October 15, 2021, https://www.nbr.org/publication/in-defense-of-strategic-ambiguity-in-the-taiwan-strait/.

[18] 胡波，《2049 海洋強國夢：中國海上權力崛起之路》，頁 22-23。

[19] J. Michael Dahm, "Chinese Ferry Tales: The PLA's Use of Civilian Shipping in Support of Over-the-Shore Logistics," *China Maritime Studies Institute*, November 1, 2021, pp. 1-4, https://digital-commons.usnwc.edu/cgi/viewcontent.cgi?article=1015&context=cmsi-maritime-reports.

年來雖快速成長，然而，726 型氣墊登陸艇面臨動力不夠、兩棲作戰兵力人數不足等問題，整體實力恐怕仍無法有效執行對我國大規模渡海作戰，[20] 換句話說，中共現階段正強化整體戰略投送能力，以應付大規模遠程作戰需求。

二、美國在中共近海周邊的軍事存在

中共在近海的安全與其大陸本土安全緊密連結，若要確保主權與安全，必須改變地緣位置帶來的安全壓力與潛在威脅。中共被周邊大國和中等強權國家所包圍，北方與俄羅斯接壤，西南邊則有印度，南部則是與越南接鄰。[21] 在這個地緣位置內，中共近海的國家包括日本、韓國與菲律賓，都是美國的正式軍事同盟關係，中共長期位處周邊強權國家環伺，尤其是美國在近海的軍事存在，自然地限制共軍對外軍事戰略布局。[22]

進一步來說，美國和其印太地區的同盟國家，已經控制西太平洋上的重要島嶼，同時在這些位置建構立體化的軍事嚇阻能力，如果中

---

[20] 歐錫富，〈解放軍攻台兩棲作戰能力〉，《國防安全即時評析》，2021 年 7 月 29 日，https://indsr.org.tw/tw/News_detail/3438/%E8%A7%A3%E6%94%BE%E8%BB%8D%E6%94%BB%E5%8F%B0%E5%85%A9%E6%A3%B2%E4%BD%9C%E6%88%B0%E8%83%BD%E5%8A%9B。

[21] 彭庭法、王斌、王方芳編著，《走向世界的中國軍隊》（桃園：昌明文化出版，2019 年），頁 2；Andrew Nathan and Andrew Scobell, *China's Search for Security* (New York: Columbia University Press, 2012), p. 23.

[22] Andrew S. Erickson and Joel Wuthnow, "Barriers, Springboards and Benchmarks: China Conceptualizes the Pacific 'Island Chains'," *The China Quarterly*, No. 225 (March 2016), pp. 11-13.

共無法突破這種地緣位置帶來的限制，損害中共所定義的主權與安全概念，是無法避免的，尤其東部沿海地區是中共經濟、政治與文化中心，中共在這樣面對海上安全威脅時，則會缺乏戰略縱深。更何況，中共自身還因爲歷史經驗對於近海遭到敵對國家控制的擔憂，認爲美國與日本會帶給中共巨大的安全威脅，近海是中共與美國、日本等海洋強國的緩衝地帶，也是中共必須爭取的海上戰略安全空間。[23]

　　中共爲了因應美軍在近海周邊的軍事存在，擴大其海軍軍事力量是確保近海地緣戰略優勢的一步，隨後再推動「由本土向周邊、由陸地向海洋、由空中向太空、從有形空間至無形的戰略領域」能力。[24]

三、逐漸重視「海外利益」

　　中共認爲若要建立國際經濟新秩序，形塑世界軍事新秩序也勢在必行。中共目前科技技術大幅度躍進，連帶將產業結構等項目，已在國際經濟秩序中扮演指標性作用，伴隨而來國際軍事競爭態勢也逐漸成形，尤其中共利益擴展至全球各地，被稱爲海外利益全球化。中共海外利益是指中共政府、企業、社會組織與公民透過全球互動產生、主權管轄範圍以外的國家利益等，更重要的是，隨著整體國家力量的提升，中共的海外利益廣度也會擴大。[25]

---

[23] 胡波，《2049 海洋強國夢：中國海上權力崛起之路》，頁 23。

[24] Joe McReynolds 編，黃國賢譯，《中共軍事戰略演進》（台北：國防部政務辦公室，2020 年），頁 101。

[25] 胡波，《2049 海洋強國夢：中國海上權力崛起之路》，頁 29。

　　中共海外利益正在朝向國際化、全球化，共軍的戰略指導方針，強調需要有強大的軍隊力量來捍衛這些利益。《中國的軍事戰略》就提到要建設現代海上軍事力量體系，來維護戰略通道和海外利益安全。[26]《新時代的中國國防》則又將海外利益描述爲對中共國家利益至關重要，透過海外軍事行動改善其後勤保障能力，發展遠洋能力、建設海外補給點，增強逐行多樣化軍事任務能力。[27] 使得共軍使命與任務因應外部的環境變化，必須隨之調整，才能維護其利益。[28]

　　除了有維護國家海外利益的需要，必須建立強大海上軍事力量，中共領導人也展現要讓共軍走向世界的企圖。習近平在 2018 年 12 月 31 日發表 2019 年新年賀詞，內容提到，「中共維護國家主權和安全的信心與決心不會變，維護世界和平、促進共同發展的誠意與善意不會變」，所提到兩個「維護」被視爲是「堅決維護國家主權與安全」、「堅決維護世界和平與發展」，象徵全球命運共同與新時代強軍的內涵緊密連結，確定共軍向外擴大軍事行動的政治訊號。[29] 此外，習近平在 2019 年 2 月 3 日春節團拜會講話則表示，「全黨全軍要在黨的堅強領導下，與世界各國人民共同構建人類命運共同

---

26 〈中國的軍事戰略〉，《中國政府網》，2015 年 5 月 26 日，http://big5.www.gov.cn/gate/big5/www.gov.cn/zhengce/2015-05/26/content_2868988.htm。

27 〈新時代的中國國防〉，《人民網》，2019 年 7 月 24 日，http://politics.people.com.cn/BIG5/n1/2019/0724/c1001-31253793.html。

28 劉明福，《新時代中國強軍夢》（北京：中共中央黨校出版社，2020 年），頁 226-227。

29 〈國家主席習近平發表二〇一九年新年賀詞〉，《人民網》，2019 年 1 月 1 日，http://cpc.people.com.cn/n1/2019/0101/c64094-30497657.html。

體」，[30] 被視爲象徵共軍保衛其主權與安全的責任，又要爲世界和平與發展做貢獻。

因此，在「主權與政治利益相複合」、「美國在近海的軍事存在」，以及「逐漸重視海外利益」等戰略需求動因之下，使得共軍必須執行海外軍事布局、建設必要的戰略支點、推動軍隊走向外海與世界，並且執行多元的軍事任務。中共近程戰略焦點雖然是確保具備近海軍事能力，然而，中共擴大其海軍軍力建設，包括部署遠程兵力投射能力等，實際上要達到更遠的「遠海」執行任務，在一定程度上，要符合「遠海防衛」戰略要求。[31]

參、中共兵力投射發展現況

習近平對於中共未來走向的目標是圍繞在「強國」、「強軍」的基礎上，共軍在 2015 年針對軍隊結構進行調整，以符合成爲現代化聯合作戰軍隊的要求。特別是 2017 年之後所提出的「國防和軍隊現代化建設三步走」發展戰略，目的在於「2020 年基本實現機械化」、「2035 年完成國防與軍隊現代化」，以及在「2050 年讓共軍成爲世

---

30 〈中共中央國務院舉行春節團拜會習近平發表講話〉，《新華網》，2019 年 2 月 3 日，http://www.xinhuanet.com/politics/leaders/2019-02/03/c_1124083988. htm。

31 Jim Sciutto 著，高紫文譯，《影子戰爭》（新北：左岸文化出版，2021 年），頁 154-155；陳育正，〈中國大陸海軍軍事現代化對亞太安全的威脅〉，《展望與探索》，第 14 卷第 5 期（2016 年 5 月），頁 72-74。

界一流軍隊」的目標。[32]

一般來說，軍事術語所提到的「兵力投射」，指的是橫渡大海至遠方作戰的能力，其中透過航空母艦、兩棲作戰部隊、驅逐艦、潛艦、偵察機、轟炸機、人造衛星與遠程導彈，還有先進的無人機群與電子作戰能力。[33] 美國國防部則將兵力投射定義為「國家能快速與有效地在不同危機區域部署與維持兵力運用，達到嚇阻效果與促進區域穩定」，尤其是指武裝部隊在另一國家所執行軍事行動，並且達成特定目標，意即「遠程作戰能力」。[34]

在現代作戰環境下，擁有海上、兩棲、空中、陸基導彈、網路資電與太空能力格外重要，當然還具備跨境支援的後勤部隊，更是構成遠程投射能力不可或缺的項目。[35] 中共目前對共軍軍事現代化的投

---

[32] Robert Lawrence Kuhn, "New Era on the Road to 2050," *China Daily*, October 28, 2017, https://www.chinadaily.com.cn/opinion/2017-10/28/content_33807725.htm (accessed 2020/6/10); 中華人民共和國國防部，〈決勝全面建成小康社會 奪取新時代中國特色社會主義偉大勝利〉，《人民網》，2017 年 10 月 27 日，http://cpc.people.com.cn/19th/BIG5/n1/2017/1027/c414395-29613458.html（瀏覽日期：2020/7/14）。

[33] Frank G. Hoffman, "The Myth of the Post-Power Projection Era," *Military Strategy Magazine*, Vol. 2, No. 2 (Spring 2012), pp. 15-19; Rory Medcalf 著，李明譯，《印太競逐：美中衝突的前線，全球戰略競爭的新熱點》（台北：商周出版，2020 年），頁 48-49。

[34] "2020 Annual Report to Congress," *U.S.-China Economic and Security Review Commission*, December 2020, p. 388, https://www.uscc.gov/sites/default/files/2020-12/2020_Annual_Report_to_Congress.pdf.

[35] Toshi Yoshihara and Jack Bianchi, *Seizing on Weakness: Allied Strategy for Competing with China's Globalising Military* (Washington D.C.: Center for Strategic and Budgetary Assessments, 2021), p. 53.

資，確實提升中共在各種作戰領域上的軍事力量，能夠在世界各地展現其日益增加的影響力，並且逐漸縮小與美國之間的軍事實力差距。共軍的兵力投射能力現況可以從幾個部分進行探討，本文從「軍事戰略改變」、「裝備與部隊結構調整」，以及「擴大海外民用設施與基地」等三個部分進行分析。

一、軍事戰略改變

　　從上述內容中，共軍在海軍的戰略指導，已經從「近海防禦」調整至「遠海防衛」的概念，很大程度地擴展共軍軍事行動的地理與任務範圍。一般而言，中共的軍事用語「近海」，通常是指第一島鏈內的軍事行動，然而，第一島鏈並不是劃分近海和遠海之間唯一原則，尤其隨著中共海軍能力的提升，「近海」則會被視為擴展包括第一島鏈以東的水域，以及通往該島鏈的戰略要點。[36] 中國官方文獻當中，《中國的軍事戰略》強調建設現代海上軍事力量體系的重要性，並且必須突破重陸輕海的傳統思維觀念。[37]

　　共軍公開文獻雖然沒有清楚表明「遠海」的精確定義，但是經過審視部分資料內容，仍可初步劃分其範圍。「遠海」這一概念是描述「近海以外」的軍事行動。中共戰略學者則認為，共軍要建立的

---

[36] Michael McDevitt, "Becoming a Great 'Maritime Power': A Chinese Dream," *Center for Naval Analysis*, June 2016, pp. 26-30, https://www.cna.org/cna_files/pdf/irm-2016-u-013646.pdf.

[37] 徐萍，〈新時代中國海洋維權理念與實踐〉，《國際問題研究》，第 6 期（2020 年），頁 12-14。

遠洋海軍，主要活動範圍包括「第一島鏈外的西太平洋」、「從中東、東非沿岸至麻六甲海峽的北印度洋」等海域，亦被稱為「兩洋區域」。[38] 甚至也有學者認為中共海洋戰略布局是涵蓋除兩洋之外，應該再加上「大西洋與北冰洋」，其中，海洋強國是軍隊具備近海「絕對安全」，以及對「遠海」有效嚇阻等能力。[39] 必須留意的是，中共稱其軍隊要具備近海的絕對安全，筆者認為安全的概念，並不存在絕對安全的可能，應該是指具備一種能力，並且可以確保近海地區的安全。

　　中共在 2019 年 7 月 24 日公布《新時代的中國國防》白皮書，提到中共海軍戰略要加快從「近海防禦」向「遠海防衛」的戰略進行調整。[40] 值得注意的是，中共海軍平時利用「軍事外交」、「國際維和」、「人道援助與災害救援」、「聯合演習」、「海外撤僑」、「打擊海盜」、「反恐」等非戰爭軍事行動（non-war military operations），將其軍事行動範圍正從近海逐步擴展到第一島鏈以外的地區，目前正朝著成為全球性的軍隊方向邁進。[41]

38　胡波，《2049 海洋強國夢：中國海上權力崛起之路》，頁 286-287。

39　劉大海等人，〈中國全球化海洋戰略研究〉，《海洋開發與管理》，第 3 期（2017 年），頁 24；Michael McDevitt, "Becoming a Great 'Maritime Power': A Chinese Dream," p. 28.

40　〈新時代的中國國防〉，《新華網》，2019 年 7 月 24 日，http://www.xinhuanet.com/2019-07/24/c_1124791816.htm。

41　Jennifer Rice and Erik Robb, "The Origins of 'Near Seas Defense and Far Seas Protection'," *China Maritime Studies Institute*, February 12, 2021, pp. 3-6, https://digital-commons.usnwc.edu/cgi/viewcontent.cgi?article=1012&context=cmsi-

因此，根據前述內容，本文將「近海」和「遠海」進一步定義，前者指的是「可以保衛中共本土及其聲稱的領土管轄免於遭受攻擊能力」，後者則指的是「可以保護中共在海外與海上航道之間的利益，並具備嚇阻能力」，中共戰略調整已經劃分出「區域性海軍」與「全球性海軍」的差別。

二、裝備與部隊結構調整

在中共利益與責任日漸提升情況下，共軍必須要在世界各區域內具備兵力投射能力，這是實踐世界大國責任與義務的基本條件。[42] 無論是航空母艦發展、逐漸提升兩棲作戰能力，以及強化遠洋海軍所需要的補給艦，皆是此種思維下的重點發展方向。

自「遼寧號」航空母艦 2012 年投入服役後，中共海軍開始增加兵力投射能力；而第二艘航母「山東號」在 2019 年 12 月 17 日開始服役，也是首艘國產航母；第三艘航母雖然仍是常規動力航母，但是排水量、艦載機數量，以及彈射系統，也與現有的「遼寧號」、「山東號」航母相比更為出色，即使還有許多數據仍不清楚，但是第三艘航母未來幾年內正式服役，會使中共海軍更有效地在印度洋和太平洋等區域運用其兵力投射能量。[43]

---

maritime-reports; 許智翔，〈美國防部《2020 年中國軍力報告》中對共軍兩棲投射能力的評估〉，《國防安全雙週報》，2020 年 10 月 19 日，頁 1-2。

[42] 胡波，《2049 海洋強國夢：中國海上權力崛起之路》，頁 29。

[43] Ronald O'Rourke, "China Naval Modernization: Implications for U.S. Navy Capabilities—Background and Issues for Congress," pp. 18-19; Matthew P.

中共海軍軍事現代化進程中，強化其大型兩棲作戰艦艇是重要的一部分。首艘075型兩棲攻擊艦（Landing Helicopter Assault, LHA）「海南艦」在2021年4月23日海南三亞基地正式成軍，中共從2018年起已經下水3艘075型兩棲攻擊艦，近期也會陸續交付海軍艦隊。[44]根據中共學者李杰受訪表示，075型兩棲攻擊艦未來會與航母編隊使用。[45]另外，071型船塢登陸艦自從2006年以來已經建造8艘，其中，5艘部署在南海艦隊，3艘部署在東海艦隊。[46]071型和075型都具備搭載數艘氣墊中型登陸艇和多種類型的直升機，以及運載戰車、裝甲車和海軍陸戰隊，確實可以提供中共海軍更大的遠程作戰能力、續航力與任務運用彈性。

055型導彈驅逐艦是中共國產「萬噸」級驅逐艦。根據美國國會研究處與美國國防部的資料，中共第八艘055型導彈驅逐艦已經在2020年8月下水，其排水量約1.2萬噸至1.3萬噸，較美國伯克級

Funaiole, Joseph S. Bermudez Jr. and Brian Hart, "China's Third Aircraft Carrier Takes Shape," *CSIS*, June 15, 2021, https://www.csis.org/analysis/chinas-third-aircraft-carrier-takes-shape.

[44]〈港媒發現：首艘075型海南艦舷號有玄機〉，《搜狐網》，2021年5月13日，https://www.sohu.com/a/466316361_120823584。〈解放軍新型登陸艦曝光〉，《美國之音》，2021年12月14日，https://www.voacantonese.com/a/PLA-075-ship-is-a-game-changer-for-the-CCP-amphibious-warfare-20211214/6353376.html。

[45]〈075型兩棲攻擊艦令軍迷興奮 用途比大型航母更廣〉，《人民網》，2017年5月8日，http://military.people.com.cn/BIG5/n1/2017/0508/c1011-29260526.html。

[46] 歐錫富，〈解放軍攻台兩棲作戰能力〉。

（Arleigh Burke class）驅逐艦噸位大上 25%，垂直發射單元數量也比中共 052D 型導彈驅逐艦 64 組還要多了 48 組，是中共海軍火力最強大的水面艦，與 052C 型、052D 型驅逐艦等共同組成遠程兵力投射能量。[47] 其中，「南昌號」與其他船艦編隊分別在 2021 年 3 月與 8 月巡航日本近海與阿拉斯加阿留申群島（Aleutian Islands）周邊的美國專屬經濟區（Exclusive Economic Zone, EEZ），[48] 提高海軍艦隊進出西太平洋的能力與經驗。

截至 2022 年 4 月已經先後公開 4 艘參與演訓消息，分別是「南昌號」在 2020 年 1 月成軍、「拉薩號」在 2021 年 2 月加入北海艦隊戰鬥序列、「大連號」則在 2021 年 4 月交付南海艦隊，[49] 以及舷號 104 的 055 型大型驅逐艦在 2022 年 4 月 19 日中共海軍建軍 73 周年前夕亮相，雖未被證實其正式名稱，但普遍認為將命名為「無錫

---

[47] Ronald O'Rourke, "China Naval Modernization: Implications for U.S. Navy Capabilities—Background and Issues for Congress," p. 25; "2020 Annual Report to Congress," p. 397.

[48] 〈日防衛省：首見共軍 055 驅逐艦現蹤日本近海〉，《中央社》，2021 年 3 月 20 日，https://www.cna.com.tw/news/firstnews/202103200048.aspx；〈中國海軍艦隊進入美國阿拉斯加專屬經濟區海域〉，《美國之音》，2021 年 9 月 16 日，https://www.voacantonese.com/a/Chinese-Fleet-Entered-Alaska-Special-Economic-Zone-20210915/6229979.html。

[49] 歐錫富，〈解放軍海軍水面艦近況〉，《國防安全即時評析》，2021 年 3 月 18 日，https://indsr.org.tw/tw/News_detail/3342/%E8%A7%A3%E6%94%B E%E8%BB%8D%E6%B5%B7%E8%BB%8D%E6%B0%B4%E9%9D%A2%E 8%89%A6%E8%BF%91%E6%B3%81；〈習近平出席海軍三型主戰艦艇集中交接〉，《央視網》，2021 年 4 月 24 日，https://news.cctv.com/2021/04/24/ARTIjEmlugL7bsC4slrKSOhE210424.shtml。

號」。[50] 這些大型水面艦象徵維護國家主權、領土完整，以及提升其遠海防衛能力。

除此之外，中共海軍還增加大型補給艦能量，擴大中共海軍在遠離主要港口時有更長的作戰效能。2017 年成軍的 901 型「呼倫湖號」綜合補給艦，以及 2019 年服役的「查干湖號」綜合補給艦，能提供更多運貨載量、速度更快，是航母編隊重要的後勤保障。例如執行亞丁灣護航編隊任務時，就會納入大型補給艦共同執行任務，作為支撐遠海兵力投射能力的一部分。[51] 然而，新型綜合補給艦目前數量較少，限制其兵力投送能力。

共軍除了加速建構兵力投射的武器平台之外，針對中共海軍陸戰隊也調整其組織規模，以確保能支持遠程打擊作戰。中共海軍不僅擴大海軍硬體方面建設，更重要的還有進行軍隊全面的結構與人員改革，目的即是在使共軍成為有效聯合作戰的部隊，提高在海外軍事行動的足跡。[52] 習近平從 2015 年開始進行軍事改革，將原本七大軍區改為五大戰區，將二砲部隊改名為火箭軍，以及整併、成立戰略支援部

---

[50] Liu Xuanzun, "Two New Type 055 Large Destroyers, a New Type 052D Destroyer Confirmed in PLA Navy Service," *Global Times*, April 20, 2022, https://www.globaltimes.cn/page/202204/1259853.shtml.

[51] 許智翔，〈美國防部《2020 年中國軍力報告》中對共軍兩棲投射能力的評估〉，頁 2；Dean Cheng, "2021 Index of U.S. Military Strength: China," *The Heritage Foundation*, November 17, 2020, https://www.heritage.org/2021-index-us-military-strength/assessing-threats-us-vital-interests /china.

[52] Leah Dreyfuss and Mara Karlin, "All that Xi Wants: China Attempts to Ace Bases Overseas," *The Brookings Institute*, September 2019, p. 3, https://www.brookings.edu/wp-content/uploads/2019/09/FP_20190930_china_basing_karlin_dreyfuss.pdf.

隊。這些軍事組織調整有助於共軍部隊在複雜、緊急或者遠離中國大陸本土的區域範圍執行聯合作戰任務。[53]

中共自從 2015 年以來，將海軍陸戰隊擴大三倍之多，其規模從兩個旅總人數約 1 萬人，增加到人數約 3 萬人，[54] 任務涵蓋陸地、海上和空中作戰，甚至是進駐在吉布地後勤保障基地，並派遣至亞丁灣執行任務，然而，中共海軍陸戰隊的主要任務仍然是「兩棲作戰」。值得注意的是，中共海軍陸戰隊正在改善其長程機動運輸與建構不同環境條件下作戰能力，以及營級聯合作戰的能力，因此現階段可以在小規模登陸作戰發揮一定功效，並針對登陸區進行特種作戰。[55]

三、擴大海外民用設施與基地

中共正逐漸提高使用海外民用設施與基地能力。中共要實現中國夢、強軍夢、世界夢戰略需求，必然要建立海外軍事保障體系，讓共軍走出去、走向世界。[56] 中共於 2017 年正式在非洲吉布地設立後勤保障基地，被視為是藉由「一帶一路」倡議（Belt and Road Initiatives, BRI）當中的「21 世紀海上絲綢之路」來強化與經濟層面的連結，並

---

[53] Bates Gill and Adam Ni, "China's Sweeping Military Reforms: Implications for Australia," *Security Challenges*, Vol. 15, No. 1 (2019), pp. 33-38.

[54] "2020 Annual Report to Congress," p. 395.

[55] Conor M. Kennedy, "The New Chinese Marine Corps: A 'Strategic Dagger' in a Cross-Strait Invasion," *China Maritime Studies Institute*, October 2021, pp. 1-3, 23, http://www.andrewerickson.com/wp-content/uploads/2021/10/CMSI_China-Maritime-Report_15_New-Chinese-Marine-Corps_Cross-Strait-Invasion_Kennedy_202110.pdf.

[56] 劉明福，《新時代中國強軍夢》，頁 224-225。

且進一步增加共軍從大陸本土進行兵力投射的距離。[57] 美國《華盛頓時報》（Washington Times）2005 年就曾經披露中共正在進行一項「珍珠鏈戰略」，從南海到中東的海上航道沿線建立戰略關係，維護其能源利益與提供廣泛的安全服務，[58] 雖然中共外交部門予以駁斥，中共學者王緝思等人則認為中共在地緣政治與地緣經濟方面有利目前在全球格局發展契機，海洋戰略的建構必須擺脫既有的陸權思維，部分學者甚至以「戰略支點」代表靠近海上咽喉和海上交通線港口等基礎設施。[59]

中共國防大學 2017 年出版的《戰略學》，內容針對境外軍事行動中必須要有「海外保障」能力，意思是現階段因應任務與利益需求增加，要依靠海外臨時與固定補給點或尋求其他途徑，能將部隊與裝備及時與安全地抵達任務地區，因此提出「強化與太平洋和印度洋通道國家溝通」、「探索建立海外補給點」、「與友好國家簽訂軍事合作協議」、「為軍隊尋求外國機場、港口、碼頭設施做準備」四項提

[57] Defense Intelligence Agency, *China Military Power: Modernizing a Force to Fight and Win* (Bethesda, MD: Defense Intelligence Agency, 2019), p. 29.

[58] "China Builds up Strategic Sea Lanes," *Washington Times*, January 17, 2005, https://www.washingtontimes.com/news/2005/jan/17/20050117-115550-1929r/.

[59] 王緝思，《大國戰略：國際戰略探究與思考》（北京：中信集團出版社，2016），頁 94-96；王成金、陳雲浩，〈全球航運戰略支點識別〉，《中國科學院院刊》，第 32 卷第 4 期（2017 年），頁 348-354；朱鋒，〈從人類命運共同體到海洋命運共同體—推進全球海洋治理與合作的理念和路徑〉，《亞太安全與海洋研究》，第 4 期（2021 年），頁 1-19。

高海外新型綜合保障能力的構想。[60]

　　增加海外後勤保障作業基地，確實是建構兵力投射能力重要條件的一部分。美國情報總監辦公室（Office of the Director of National Intelligence）公開資料指出，中共未來可能在非洲、南亞、東南亞、大洋洲、歐洲等區域設置海外後勤保障基地。[61] 中共近期在非洲西岸赤道幾內亞與索羅門群島，都被發現與地主國家正在透過雙邊合作機制，要為共軍提供其港口，作為海軍後勤補給使用。在軍事層面上而言，一旦中共能夠在赤道幾內亞、索羅門群島等國家停靠其海軍艦艇，就能建立在大西洋、南太平洋一定程度的地緣戰略優勢。[62]

　　中共利用商業模式在全球各地增加其經濟、政治與軍事影響力，尤其在軍事方面，可提供海外的軍事後勤補給能量。根據美國智庫亞洲協會（Asia Society）2020 年發布《將一帶一路倡議武器化》報告（*Weaponizing the Belt and Road Initiative*），已經指出中共利用「帶路倡議」的方式，在巴基斯坦瓜達爾港、柬埔寨戈公港（包括雲朗海軍基地）、斯里蘭卡漢班托塔港，以及緬甸皎漂港等港口，均已經

60　肖天亮主編，《戰略學》（北京：國防大學出版社，2017 年），頁 304、320-321。

61　Office of the Director of National Intelligence, *Statement for the Record: Worldwide Threat Assessment of the U.S. Intelligence Community* (Washington, D.C.: Office of the Director of National Intelligence, 2019), p. 25.

62　Peter Suciu, "China's Plan: a PLAN Base in the Atlantic," *The National Interest*, December 8, 2021, https://nationalinterest.org/blog/buzz/china%E2%80%99s-plan-plan-base-atlantic-197695; Brent Sadler, "China's Bid for Global Hegemony: One Base at a Time," *The Heritage Foundation*, April 4, 2022, https://www.heritage.org/asia/commentary/chinas-bid-global-hegemony-one-base-time.

完成軍艦可停泊的碼頭、油料與後勤儲藏等軍民兩用設施。[63] 此外，該報告也發現中共國營企業在帶路倡議沿岸 24 個國家擁有或營運港口，因此，中共海軍在帶路倡議的商業模式，可能從沿岸國家當中取得一定的後勤補給能量與提高運補效率。[64]

從上述討論，中共目前正努力透過商業模式與簽訂安全合作協議的方式，增加海外後勤保障基地的據點，作爲支持共軍遠海的軍事行動能力，美國國防部認爲中共擁有海外軍事設施，確實是提供中共軍力向外投射的重要基礎，甚至提高共軍在海上與美國等其他國家相互抗衡的能力。[65] 然而，必須注意的是，上述中共在海外後勤保障基地據點與東非吉布地、南海的軍事化人工島礁都能夠有助於提高兵力投射的基礎條件，同時符合中共建立海外軍事保障體系之要求，雖然與美國所稱「海外軍事基地」內涵仍有所差別，但是隨著時間的推進以及利益需求的擴大，並不能排除建立實際軍事基地的可能性。

[63] Daniel R. Russel and Blake H. Berger, *Weaponizing the Belt and Road Initiative* (Washington, D.C.: The Asia Society Policy Institute, 2020), pp. 23-28.

[64] Defense Intelligence Agency, *China Military Power: Modernizing a Force to Fight and Win*, pp. 33-34; Daniel R. Russel and Blake H. Berger, *Weaponizing the Belt and Road Initiative*, p. 27.

[65] Office of the Secretary of Defense, *Annual Report to Congress: Military and Security Developments Involving the People's Republic of China* (Arlington, VA: Department of Defense, 2020), p. 128.

肆、中共海軍發展兵力投射能力限制

　　儘管中共海軍兵力投射能力在部分努力已經展現其成果，同時取得進展，然而，不可諱言的，現階段距離「遠海防衛」的目標，仍有不少的挑戰要克服，包括海外後勤保障能力仍然不足，缺乏現代化海戰經驗，以及國防預算可能產生的排擠效應等方面，都是中共海軍發展兵力投射能力，可能存在的限制因素。

一、後勤保障能力仍不足

　　根據前述，中共正在快速建造現代船艦等提供兵力投射能力。儘管如此，中共發展遠海作戰能力由於面臨到海外補給能量不足，要真正執行如同美軍的兵力投射能力，目前仍然受限。中共學者也認為在面對強敵時要遠離本土陸地的海域進行海上作戰任務，但現階段確實缺乏岸基航空兵與近距離後勤補給能力。[66]

　　近期部分研究也指出，中共海軍現階段存在海外補給能量不足問題。中共海軍逐漸提升至遠海執行海外軍事行動的能量，包括透過打擊亞丁灣海盜、護航編隊、海外撤僑、應急救援等行動，提高海軍執行多樣化任務的能力，但是中共海軍在 2019 年僅有 18 艘海軍綜合補給艦，其中只有 2 艘新世代的 901 型綜合補給艦，與現有先進水面艦的比重不成比例，難以在遠海進行有效兵力投射能力。[67]

66　肖天亮主編，《戰略學》，頁 360。

67　Kevin McCauley, "China's Logistic Support to Expeditionary Operations," *Testimony before the U.S.-China Economic and Security Review Commission,*

值得注意的是，新型補給船艦數量不足，主要是限制中共海軍海上伴隨補給能力，中共對此問題則是透過增加海外港口等民用基礎設施，以及提高建造補給艦艇數量，降低可能的衝擊。[68] 由於中共海運船隊載重規模在 2020 年時達到 3.1 億噸，是全球排名第二名的國家，確實有條件利用龐大的民間商業船隊來彌補這項限制問題，也有研究發現，共軍正測試以民用集裝箱船方式來提供中共海軍艦艇補給作業。[69] 此外，中共還透過頒布船隻建造的法律規範，要求民間船隻建造符合共軍可以執行軍事任務的船艦諸元條件。[70] 然而，這些努力仍需要實際的現代化後勤保障體系作為基礎。

二、建設遠洋海軍的預算成本會大幅增加

中共國防工業在過去的 10 年裡，已經證明有能力自行開發和生產多種類型的大型作戰平台。舉例來說，中共海軍在 2010 年至 2014 年間建造大型戰鬥艦艇，若與 2000 年中期相比，已經高達一倍以上的成長幅度，中共目前還持續建造有先進武器裝備的大型水面艦，[71]

February 20, 2020, pp. 17-18. https://www.uscc.gov/sites/default/files/McCauley_Written%20Testimony_0.pdf.

[68] 陳育正、賴宥宏，〈邁向藍水海軍：檢視中共海軍海上綜合保障能力〉，《中共解放軍研究學術論文集》，第 2 期（2020 年），頁 190-192。

[69] 〈我國已成具有重要影響力的水運大國〉，《人民網》，2021 年 6 月 25 日，http://yn.people.com.cn/BIG5/n2/2021/0625/c372455-34793827.html。

[70] 洪子傑，〈簡評近期解放軍軍事物流體系發展〉，《國防安全雙週報》，第 43 期（2021 年 12 月 10 日），頁 45。

[71] "How Is China Modernizing Its Navy," *China Power*, May 14, 2020, https://chinapower.csis.org/china-naval-modernization/.

不僅與遠海防衛的藍水海軍目標一致，同時也成為航母編隊的重要基礎。

只不過中共與美國不同，共軍目前仍處於建設藍水海軍的非常早期階段。如果發展藍水海軍的長遠目標不變，繼續投資大型海外兵力投射的武器載台與系統，必然也會比過去的近海防禦的建軍構想花費更昂貴的國防預算。畢竟這些大型遠洋武器系統與載台，之所以花費高昂，不只是建造成本高，執行任務與後勤維護的成本，在產品生命週期中可能花費更多。

中共學者分析美國航母的運營和維護成本，發現到此類成本約占航母整體花費的 40% 至 50%。因此，研究文章建議中共需要在航母的發展階段就進行投資，以找到減少人員需求，從而降低預期的操作和維護成本。[72] 部分美國學者也認為，中共雖然可以透過國家提高其生產海軍艦艇的能力，但是建立有效運營方式並非容易的事情，特別是知識技術方面，必須是經過長期軍事任務培養而成，美國海洋工業在累積幾十年的實務經驗後，至今才具備的條件，對於中共海軍來說，兩者在知識技術方面，仍然有其差距。[73]

在過去的海洋強國發展歷史都表明，投資大型海上武器系統國

---

[72] 林名馳、王滿華、劉偉，〈美國航母運行費用加理分析及啓示〉，《軍事經濟研究》，第 7 期（2010 年），頁 72-74；訾書宇、唐宏，〈美國航母維修費的投資規律分析〉，《海軍工程大學學報》，第 4 期（2012 年），頁 9。

[73] Yasmin Tadjdeh, "China Building Formidable Amphibious Fleet," *National Defense*, June 25, 2021, https://www.nationaldefensemagazine.org/articles/2021/6/25/china-building-formidable-amphibious-fleet.

家，每年國防預算成本通常會上升 9%，如果中共按照這樣的發展趨勢評估，未來很可能會在一個時間點嚴重衝擊中共財政。[74] 儘管中共政府有意願以更高速度增加國防預算，但是中共若面臨經濟下滑的狀況，相關的大型武器系統與載台可能導致延後生產與成軍部署。[75]

三、缺乏現代化海戰經驗

中共國內擁有龐大的經濟和製造業基地，確實有能力提供軍隊大量資源，現階段的確愈來愈關注西太平洋及其他地區的力量投射能力。共軍成立以來，其傳統優勢在於從陸地山區起家，憑藉著依靠農村為根據地，以陸戰制敵。尤其在 1949 年成立中華人民共和國之後，共軍採取的是保衛疆土的防禦性作戰，對於執行遠離本土海空作戰、遠海作戰，這些經驗與能力仍無法與美國相比較。[76] 美軍從冷戰之後，廣泛地參與中東等地區的軍事作戰任務，執行現代化作戰與經驗方面也比中共軍方來得更多。[77]

中共自 21 世紀以來逐漸在全球各地扮演重要地位，面臨的主要

---

[74] Howard W. French 著，林添貴譯，《中國擴張：歷史如何形塑中國的強權之路》（新北：遠足文化出版，2019 年），頁 270-271。

[75] Joel Wuthnow, Phillip C. Saunders and Ian Burns McCaslin, "PLA Overseas Operations in 2035: Inching Toward a Global Combat Capability," *Strategic Forum*, No. 309 (May 2021), p. 15.

[76] 劉明福，《新時代中國強軍夢》，頁 263。

[77] Michael E. O'Hanlon, "What the Pentagon's New Report on China Means for US strategy — including on Taiwan," *The Brookings Institute*, September 4, 2020, https://www.brookings.edu/blog/order-from-chaos/2020/09/04/what-the-pentagons-new-report-on-china-means-for-u-s-strategy-including-on-taiwan/.

威脅是來自海上，軍事鬥爭也來自海上，因此，加快海軍建設並且做好海上鬥爭準備，攸關能否維護國家主權與安全，以及發展利益。然而，中共海軍並未經歷過任何現代化海上戰爭，軍隊與武器裝備也沒有任何實戰經驗，即使從過去幾十年來，中共海軍利用和平軍演、亞丁灣護航等機會，陸續累積藍水海軍的行動經驗，未來還必須持續提升其能量。[78]

美國部分分析也認為，中共僅透過大量先進武器平台，並無法完全地轉換成實質的軍事能力，特別是在訓練能量以及管理層面等面向都存在問題，對於要實踐習近平的強軍夢要求，建立世界一流的軍隊仍然有許多障礙必須克服。[79]更何況，中共在 2021 年才公布《聯合作戰要綱》，這項重要準則依據，在一定程度上顯示共軍於作戰體系訓練，已經探討出一套按部就班的訓練做法，可以在戰略、戰術與戰役層面運用，只是要在短期之內達到戰訓合一，恐怕仍不易實現。

伍、結論

中共的全球經濟利益、遠海概念在理論上是全球性的，但發展一支具有全球影響力的遠洋海軍可能需要很多年。隨著中共表明其軍隊

---

[78] 馬宏偉，《走向深藍的中國海軍》，頁 187-188。

[79] Kevin McCauley, "The People's Liberation Army Attempts to Jump Start Training Reforms," *China Brief*, Vol. 21, No. 3 (February 2021), pp. 7-11; Steve Sacks, "China's Military Has a Hidden Weakness," *The Diplomat*, April 20, 2021, https://thediplomat.com/2021/04/chinas-military-has-a-hidden-weakness/.

在 21 世紀中期要成為世界一流軍隊目標相當明確，近期也透過建設遠程兵力投射能力，確實收到不錯的成果與成效，只是在後勤保障能力，仍受限於大幅增加國防預算、缺乏現代化海戰經驗等因素，目前尚不足達到遠海防衛的遠大目標。

不過，中共目前持續發展其遠洋海軍、遠程兵力投射能力等進展，實際上更進一步地強化軍隊維護中共主權和利益、保護中共海上生命線的能力。此外，中共海軍強化其遠海防衛的能力，同時代表共軍更有能力捍衛其領土主權，以及阻止美軍介入近海周邊可能的軍事衝突。對於印太地區國家而言，中共海軍若持續朝向現代化、一流軍隊之路邁進，確實會增加印太地區各國的防禦壓力，並且對於中共領導人而言，不能排除會更有自信地動用軍事力量應對外部威脅。因此，不能輕忽中共海軍擴大遠程兵力投射能力，以及可能對區域國家帶來直接與間接的影響。

|第四章|
中國灰色地帶行動

青山瑠妙*

---

* 日本慶應義塾大學博士。現任早稻田大學亞洲太平洋研究科教授。曾任美
　國史丹佛大學、喬治華盛頓大學客座研究員。研究領域爲國際關係理論、
　政治學、現代中國政治與外交。著有《現代中国の外交》、《中国のアジ
　ア外交》、《超大国・中国のゆくえ：外交と国際秩序》等專書。

壹、緒論

美中關係在中國對外關係中具有至關重要之地位。冷戰結束後，維持美中關係之穩定係中國一貫最高之命題。然而，自川普政權以降，美中分歧已從安全、貿易、意識形態擴大至人員交流之領域，並具有擴大升級之態勢。

囿於缺乏合作之領域，美中兩國之間產生發生戰爭之可能性。圍繞在東亞區域存在4個火藥庫，其分別爲朝鮮半島、東海、台灣海峽與南海。在4個區域之中，台灣海峽之緊張局勢具有升級之現象，並引起攸關政策制定者與學者之大辯論。美國海軍學院中國軍事專家艾瑞克森（Andrew S. Erickson）曾經於《外交政策》（*Foreign Policy*）發表一篇文章，其論點主張由於勞動人口之減少、國內經濟問題以及科技領域之孤立，中國國力將在2030年至2035年左右達到巔峰。基於此一預測，艾瑞克森認爲，中國最具自信之2020年代係最具危險之時機點，其中，台灣海峽軍事風險尤甚。

前美國印太司令部司令戴維森（Philip Davidson），曾於2021年3月參議院軍事委員會會議中警告，中國可能將於6年內進攻台灣。就美國國防相關人員觀之，中國軍事實力不僅在持續提升，此外，2027年亦爲習近平能否卸任之關鍵年，此一局勢升高台灣海峽戰爭之危險性。[1] 伴隨習近平體制將於2021年3月迎接解放軍成立100

---

[1] Andrew S. Erickson and Gabriel B. Collins, "A Dangerous Decade of Chinese Power Is Here," *Foreign Policy*, October 18, 2021.

周年之到來，提出與美國平起平坐之「百年強軍之夢」，似乎促使
2027 年之論述更具可信度。

　　然而在美國眾議院議長裴洛西（Nancy Pelosi）率領訪問團訪問
台灣之事成為熱點以前，檢閱中國國內文獻後，卻少有對「台灣有
事」提出警告之討論，反而探討灰色地帶行動下美中軍事衝突危險性
之研究較為人所關注。當前，中國正積極展開灰色地帶行動，此在日
本和台灣均為高度關注之議題而為人所知。然而，令人感到有意思的
是，中國探討中國安全議題中，對於美國針對中國灰色地帶行動之討
論亦感到憂慮。日美和中國就灰色地帶行動認識之差異意味為何？

　　日本為此提出加強嚇阻力，從而抵抗中國灰色地帶行動。歐美
等國為嚇阻中國灰色地帶行動，則是展開自由航行行動（Freedom of
Navigation Operation, FONOP），此舉是否具有效果？

　　為解決上述問題，本文將探討中國對灰色地帶行動之討論，分析
中國在安全領域之威脅認識和政策取向，兼論美中風險控管之可能
性。

貳、中國對國際形勢認識與灰色地帶行動

　　隨美中對立持續升高，中國政府認識到國際環境日益嚴峻，習近
平政權認為當前係「百年未有之大變局」，今後國際秩序將趨向美
中兩極體制發展。[2] 著名國際關係學家閻學通預測，10 年後任何國家

2　青山瑠妙，〈国内政治と連動する中国の外交〉，https://jiia.or.jp/column/post-

GDP 均不及美中 GDP 二分之一或四分之一，世界將由美中兩超級大國相互競爭。對此，基於美中兩極體系脈絡之論述，雖然中國現所處國際環境之嚴峻，美中對立之尖銳，但是中國普遍認為此係中國國力上升之結果，亦為中國必然經歷之道路。[3]

　　中國對於拜登政權以加強與盟國之關係連結民主國家，從而增強力量（force multipliers）之戰略效果，感受到深刻之危機意識，並對 QUAD 在安全議題與新冠疫情對策之合作密切，從而達成封鎖中國之舉動，以「亞洲版北約」之批評進行回應。然而，儘管習近平提出「做好隨時能戰的準備」，但中國對戰爭危險性之危機意識相對較低，針對近海部分認為「發生戰爭可能性很低，但發生偶發衝突可能性較高」之認識，已然成為國內主流。[4]

　　在此背景之下，中國對「灰色地帶行動」議題之關注逐漸提高，其危機意識亦逐漸提升。中國認為針對中國採用灰色地帶之概念，係美國國防部於 2010 年公布之《四年期國防總檢討》（QDR）中首次提出，[5] 使對美國灰色地帶行動得以進行，並視其為是印太戰略之重要

57.html。

3　青山瑠妙，〈中国とバイデン新政権との新しい「競・合関係」〉，https://www.mita-hyoron.keio.ac.jp/features/2021/02-6_2.html。

4　青山瑠妙，〈米中対立と中国の外交戦略〉，《日中経協ジャーナル》，第329号（2021 年 6 月），頁 2-5。

5　U.S. Department of Defense, *Quadrennial Defense Review Report*, February 2010, https://archive.defense.gov/qdr/QDR%20as%20of%2029JAN10%201600.pdf.

行動。[6]

　　此處應注意到 2010 年 QDR 所提之「gray area」之概念，係定義爲「既非完全戰爭，亦非完全和平」（neither fully war nor fully peace）。所以，「灰色地帶」在中國也定義爲「既非和平亦非戰爭」之事態。

參、日美對中國灰色地帶行動之警戒

　　灰色地帶之概念最早係由日本所提出，其刊載在勝山拓於《世界艦船》2005 年 6 月之論文中。日本官方資料則是在 2010 年關於新時代安全保障與防衛力座談會之報告書《新時代日本安全防衛和防衛力將來構想：成爲創造和平國家》中首次提及。[7] 在此之後，日本新版防衛大綱、新版中期防與日本周邊安全事項中，灰色地帶之概念陸續被提出。

　　除此之外，日本在 2014 年版《防衛白書》中，首次將灰色地帶事態進行定義，其指出「灰色地帶事態介於既非純粹和平亦非戰爭之間，其具有相當廣泛之特性」，其預設狀況如下所示：[8]

6　〈美「灰色地帶」衝突理論引關注〉，《解放軍報》，2021 年 4 月 21 日。

7　武居智久、齋藤雄介，〈グレーゾーンにおける日米同盟の潜在的脆弱性：グレーゾーンのなかの 3 つのグレーゾーン〉，《海幹校戰略研究》，第 9 卷第 1 号（2019 年 7 月），頁 53-54。

8　《防衛白書》，2014 年，http://www.clearing.mod.go.jp/hakusho_data/2014/pdf/26010000.pdf。

　　一、各國在領土、主權和海洋等具有經濟權益相關問題之主張存在分歧；二、在此分歧之下，至少一方當事國提出自身主張與要求，或者，為使另一方當事國接受，訴諸當事國之間進行包含外交談判等以外之行為；三、至少一方當事國企圖訴諸或強迫接受主張或要求，在不構成武力攻擊之範圍內，運用具有一定武力與強制力之單位，在爭議地區頻繁展現自身，從而試圖改變當前現狀或改變當前局勢之行為。

　　據上述定義觀之，日本對於灰色地帶行動主要認為係日本海空域之安全確保問題。

　　除此之外，美國特種作戰司令部（Special Operation Command, SOCOM）於 2015 年 9 月公布《灰色地帶白皮書》（*White Paper: The Gray Zone*），將灰色地帶行動定義為「國家間、國家內部或非政府行為者在傳統戰爭與和平間之相互競爭作用」（competitive interactions among and within state and non-state actors that fall between the traditional war and peace duality）。[9] 在 SOCOM 白書中，美國對灰色地帶行動開展指出其重要性，並提出「gray can be good」。[10] 為對抗競爭國之挑釁、價值觀與統治等行為，其主張以「全面嚇阻」

---

[9]　United States Special Operations Command, *White Paper: The Gray Zone*, September 9, 2015, https://www.soc.mil/swcs/ProjectGray/Gray%20Zones%20-%20USSOCOM%20White%20Paper%209%20Sep%202015.pdf.

[10]　同上註 9。

（comprehensive deterrence）應對他國之灰色地帶行動。[11] 此外，爲對抗中國在南海之灰色地帶行動，可考慮減損中國在非洲之利益，換言之，在非洲採取對抗策略。[12]

中國自 2015 年後逐漸重視美國灰色地帶行動，[13] 對灰色地帶之解釋亦較 SOCOM 白書更爲廣泛。在 2016 年美國陸軍戰略學院著作中，提出灰色地帶挑戰之概念，指涉「將影響力、威嚇、強制與攻擊進行結合，逐步消除對手之有效抵抗，並確立特定地區或區域之優勢，從而操作風險認知，使其形成對我方有利之局面」。[14] 這種灰色地帶挑戰與訊息戰等具有手段運用之混合性。弗雷勒（Nathan P. Freier）在 2018 年指出陸、海、空、太空與網路領域在灰色地帶挑戰之混合性。[15] 根據此一背景，當前灰色地帶現象具有「混合威脅、銳實力、政治戰、具有惡意之影響力、非正規戰爭、近代嚇阻力」之意義。[16]

儘管日美對灰色地帶概念之解釋並不一致，但日美兩國對於中國

---

[11] 同上註 9。

[12] 同上註 9。

[13] 黃忠，〈「灰色區域」衝突與美國對華戰略競爭新態勢〉，《美國研究》，第 6 期（2020 年），頁 6。

[14] Nathan P. Freier, et al., *Outplayed: Regaining Strategic Initiative in the Gray Zone, a Report Sponsored by the Army Capabilities Integration Center in Coordination with Joint Staff J-39/Strategic Multi-Layer Assessment Branch* (United States Army War College Press, 2006).

[15] Nathan P. Freier, "The Darker Shade of Gray, a New War Unlike Any Other," *CSIS*, https://www.csis.org/analysis/darker-shade-gray-new-war-unlike-any-other.

[16] "Gray Zone Project," *CSIS*, https://www.csis.org/grayzone.

在南海之灰色地帶行動具有共同認識。就美國和日本觀之，中國藉由聯合中國人民解放軍海軍、海警與海上民兵之方式展開灰色地帶行動，並進行軍事擴張。換言之，「中國海警局與海上民兵已重新被部署至前線進行活動，並以非致死之手段維護中國海洋權益。海軍則作為其後盾，迫使各國按中國提出之條件進行談判」。[17] 在這個意義上，此一局勢意味著中國採取「人民解放軍—執法—民兵協同防衛體系」。[18] 因此，現階段中國在近海之灰色地帶行動並非混合戰。[19]

中國對越南在 1974 年之西沙群島戰役和 1988 年南沙群島海戰中，便已展開灰色地帶行動。近年中國海警局所屬船艦定期進入尖閣諸島鄰接區。[20] 自 2013 年至 2015 年期間，中國在南海修建 7 座人工島嶼（占地超過 3,200 英畝），並自 2018 年起在人工島嶼上部署反艦巡航飛彈、地對空飛彈系統和電波干擾設備。[21] 近期所發生之事件中，分別為 2021 年 3 月 200 艘中國漁船結束在南海菲律賓爭議海域之行動，同（2021）年 4 月越南漁船與中國海警局船艦相撞沉沒等事件。

---

[17] アンドリュー・S・エリクソン、ライアン　D　マーティンソン編，五味睦佳譯，《中国の海洋強国戦略》（東京：原書房，2020 年），頁 20-21。

[18] 前引書，頁 23。

[19] マイケル・B・ピーターセン著，五味睦佳譯，〈中国の海上グレーゾーン：益擁護作戦の定義、危険性、及び複雑性〉，收於前引書，頁 43-46。

[20] 〈尖閣諸島周辺海域における中国海警局に所属する船舶等の動向と我が国の対処〉，https://www.kaiho.mlit.go.jp/mission/senkaku/senkaku.html。

[21] "China Primer: South China Sea Dispute," *Congressional Research Service*, February 2, 2021, https://crsreports.congress.gov/product/pdf/IF/IF10607.

　　哈狄克（Robert Haddick）於2012年提出「切香腸戰術」，[22] 用以說明中國所採取之行為。2021年2月1日，中國《海警法》生效，授權海警得使用武器，日本周邊與南海對於中國灰色地帶行動之擔憂有所升高。

　　當前日本法律制度下，「武力攻擊」被定義為「有組織與有計畫性」之軍事行動，據此定義下，中國灰色地帶行動對於「包含中國海上民兵在內之中國漁民若登上尖閣諸島，海上保安廳只能以犯罪行為進行應對」。[23] 換言之，日本法律制度對離島非法登陸與日本民間船艦在公害遭受侵害之行為，僅能由員警機關應對。[24]

　　由於日美在灰色地帶行動之反應相異，對於應對中國灰色地帶行動之共同行動亦會產生影響。儘管如此，日美兩國依然是連手對抗中國海洋政策之「灰色地帶行動」。2021年5月，美國國家亞洲研究局（National Bureau of Asian Research）發布了《混沌東海：中國灰色地帶行動與美日同盟協作》（*Murky Water in the East China Sea: Chinese Gray-zone Operations and U.S.-Japan Alliance Coordination*）報告書，指出美國與日本共同行動之重要性與存在方式，為有效對抗

---

[22] Robert Haddick, "Salami Slicing in the South China Sea: China's Slow, Patient Approach to Dominating Asia," https://foreignpolicy.com/2012/08/03/salami-slicing-in-the-south-china-sea/.

[23] 〈中国のグレーゾーン作戦（1）実業之日本フォーラム〉，https://www.reuters.com/article/idJP00093300_20210610_00420210610。

[24] 森川幸一，〈グレーゾーン事態対処の射程とその法的性質〉，《国際問題》，第648号（2016年1、2月），頁29-38。

中國灰色地帶行動，除法律外，亦須在外交、情報、軍事與經濟手段（diplomatic, information, military, and economic action, DIME）進行整合，對此，日美之間並未有所差別。[25]

肆、中國對「灰色地帶行動」升高之憂慮

「中國有海無洋」之言在中國相當常見。誠如此言，自2000年代以來，中國對於近海被美國所封鎖之危機意識愈發強烈，在此背景下，灰色地帶行動逐漸成為熱門議題。

中國對於灰色地帶行動之討論著重於非正規戰爭、混合戰之概念。2007年美國國防部對「非正規戰爭」（Irregular Warfare, IW）定義為「國家與非國家行為者之間，針對特定人群正當性與影響力所爆發之暴力衝突」（a violent struggle among state and non-state actors for legitimacy and influence over the relevant populations），[26] 至於非正規戰爭之特徵，則係「儘管可能運用所有軍事或相關能力，大致偏好採取間接與對稱手段，目的在削弱對手之能力、影響與意圖」（IW favors indirect and symmetric approaches, though it may employ the full range of military and other capabilities, in order to erode an adversary's power,

---

25 Gabriel Collins and Andrew S. Erickson, "Hold the Line through 2035: A Strategy to Offset China's Revisionist Actions and Sustain a Rules-based Order in the Asia-Pacific," November 2020, https://www.bakerinstitute.org/files/16556/.

26 United States, Department of Defense, *Irregular Warfare (IW): Joint Operation Concept (JOC)*, September 11, 2007, https://www.jcs.mil/Portals/36/Documents/Doctrine/concepts/joc_iw_v1.pdf?ver=2017-12-28-162020-260.

influence and will）。[27] 據此定義觀之，非正規戰爭經常與混合戰交替使用。

一、對政治體制顛覆之憂慮

中國對於灰色地帶行動之定義，多引用 SOCOM。據以 SOCOM 對灰色地帶行動之定義，中國對於美國海軍三棲特戰隊（SEAL）參與殺害賓拉登、中亞顏色革命等行動，均理解為美國灰色地帶行動之案例，[28] 對此，中國批判美國對於中國採取灰色地帶行動存在「雙重標準」。[29]

灰色地帶行動與 IW 並存之案例，中國主要參考尼克森（Richard Nixon）訪問中國前對西藏進行援助之行動、美國 CIA 對古巴卡斯楚（Fidel Castro）之暗殺計畫，以及 CIA 對智利阿葉德（Salvador Allende）政權之顛覆行動，後者在美國支援下，於 1973 年 9 月發生軍事政變而被推翻。[30] 因此，中國對灰色地帶行動認為具有特殊行動之意義，中國政府高度警戒以脅迫、分裂、顛覆為目的，對他國採取支援反政府行動之行為。

二、非正規戰爭與混合戰爭等軍事行動之憂慮

SOCOM 白書中，灰色地帶行動具有「衝突性質模糊，涉及當事

---

27 同上註 26。

28 〈美軍聯合特種作戰司令部「特」在哪？〉，《解放軍報》，2017 年 9 月 12 日。

29 〈美英強化「灰色地帶」作戰能力〉，《解放軍報》，2019 年 7 月 19 日。

30 戴正、洪郵生，〈美國學界對「灰色地帶」挑戰的認識」〉，《國際展望》，第 4 期（2019 年），頁 79-97。

者不透明，或是相關政策與法律框架之不明確」（ambiguity about the nature of the conflict, opacity of the parties involved, or uncertainty about the relevant policy and legal frameworks）之特點。[31]

就中國角度而言，美國藉由情報戰、心理戰、非對稱手段等加強非正規戰爭之能力，[32] 從而確保了自身國家戰略優勢。灰色地帶行動被中國理解為係綜合利用外交、情報、軍事、法律、輿論和經濟手段等戰術。[33] 鑑於此種認知，美國政府對俄羅斯輸送至歐洲天然氣輸送管道「Nord Stream 2」實施經濟制裁（2021 年 5 月取消）亦也被視為灰色地帶戰略。另一方面，對於陸海空海軍陸戰隊等整合之聯合作戰構想（joint concept）和多域戰（multi domain operations）亦有相當之警戒。此外，對反政府組織提供政治與資金援助以及網路攻擊，亦被視為灰色地帶行動。[34]

三、美國在南海之灰色地帶行動

2021 年 3 月，美國海岸防衛隊派遣前往南海。2020 年 12 月，美國海軍、海岸防衛隊（United States Coast Guard, USCG）和海軍陸戰隊（Marine Corps）聯合發起「Advantage at Sea: Prevailing with the

---

[31] United States Special Operations Command, *White Paper: The Gray Zone.*

[32] 〈美「非正規戰爭」理論的危險轉型〉，《解放軍報》，2020 年 12 月 3 日。

[33] 戴正、鄭先武，〈「灰色地帶」與美國對中國南海政策的「安全化」〉，《東南亞研究》，第 4 期（2020 年），頁 42-65。

[34] 沈志雄，〈「灰色地帶」與中美戰略競爭〉，《世界知識》，第 11 期（2019 年），頁 17-19；勒風，〈中美關係中的「灰色地帶」問題：挑戰與管控〉，《國際論壇》，第 2 期（2020 年），頁 78-92。

Integrated All-Domain Naval Power」，[35]將海軍、海岸防衛隊與海軍陸戰隊整合進行共同行動，藉此對抗中國與俄羅斯。誠此方針之明確化，美國海岸防衛隊被派遣應對中國灰色地帶行動。

由於美國不具有南海之主權，美國海岸防衛隊僅能在南海執行FONOP。對此，美國呼籲澳洲、紐西蘭、日本等國家參與行動，並在 2010 年與太平洋島國 10 國締結《乘船者計畫》（*Shiprider Program*）後，隨後在亞洲推動相關協定。[36]

美國海岸防衛隊在南海對「威脅主權與區域穩定之漁船非法捕撈活動」進行取締，彰顯自身國家之地位，[37]以此對抗中國灰色地帶行動，此舉降低美中兩國之間爆發軍事衝突之危險。另一方面，中國高度警惕美國海岸防衛隊透過與其他國家達成雙邊協定，或是藉由QUAD 進行軍事合作，促使「南海軍事化」而有所警戒，FONOP 被視為「威脅中國主權與安全之政治性與軍事性挑釁」。[38] FONOP 係美國在南海進行宣傳與彰顯存在之行為，此外，中國亦將美國軍事偵察與情報收集行為視為問題。2001 年美中海南島軍機相撞事件即為典

---

[35] "Advantage at Sea: Prevailing with Integrated All-Domain Naval Power," December 2020, https://media.defense.gov/2020/Dec/17/2002553481/-1/-1/0/TRISERVICESTRATEGY.PDF.

[36] "Legal Boundaries of U.S. Coast Guard Operations in the South China Sea," http://www.scspi.org/en/dtfx/legal-boundaries-us-coast-guard-operations-south-china-sea.

[37] "Why US Wants to Send Coast Guard to the Seas near China," https://www.voanews.com/usa/why-us-wants-send-coast-guard-seas-near-china.

[38] 劉美，〈海上軍事活動的界定與美國南海「灰色地帶行動」〉，《國際安全研究》，第 3 期（2021 年），頁 102-131。

型之案例。

中國對於美國在南海軍事演習、作戰檢證和嚇阻行動等表示擔憂。[39] 馬札爾（Machael J. Mazarr）提出對於中國 6 項灰色地帶之行動表示重視（narrative war, denial prosperity, civilian intervention, active infiltration, and coercive signaling, and proxy disruption），[40] 美國應透過認知性「敘事戰爭」（narrative war），對增加中國在軍事成本、外交成本、被認形象成本和發展成本應有所認識。[41]

另一方面，中國對美國推動印度太平洋戰略與南海議題國際化感到擔憂。2021 年 7 月，英國航母「伊莉莎白女王號」派遣前往南海，同（2021）年 8 月，德國海軍的巡防艦亦在南海航行。除此之外，隨著英國航母打擊群與日本進行共同訓練（2021 年 9 月），[42] 日美兩國亦在台灣議題上實施共同作戰演習，[43] 均被視爲美國灰色地帶行動之一環，對此表示擔憂。

---

[39] 胡波，〈美國在南海用六類軍事行動壓制中國〉，《世界知識》，第 16 期（2019 年），頁 36-37。

[40] Michael J. Mazarr, *Mastering the Gray Zone Understanding a changing Era of Conflict* (United States Army War College Press, 2015).

[41] 徐若傑，〈「灰色地帶」與成本強加戰略—美國在南海的對華過制戰略探析〉，《世界經濟與政治論壇》，第 6 期（2020 年），頁 1-27。

[42] 〈確認英國空母打擊軍隊、9 月在日本進行共同訓練（イギリス空母打擊軍、9 月に日本で共同訓練確認）〉，《每日新聞》，2021 年 7 月 20 日。

[43] "US and Japan Conduct War Games amid Rising China-Taiwan Tensions," *Financial Times*, June 30, 2021.

伍、中國在南海之應對

　　為對抗美國灰色地帶行動，中國在南海常被指出之應對策略，可歸納如下列所示。

一、中美之間建立信任機制

　　2013 年 11 月，美國總統歐巴馬（Barack Obama）與習近平政權簽署諒解備忘錄，建立「重大軍事活動通報制度」[44]與「空中及海上遭遇行動規則」信任機制。[45] 在此之上，中國指出會履行與美國所達成之二項備忘錄。

　　除前述備忘錄之外，相關內容亦可參考過去美蘇兩國簽署之 1972 年《海上事故防止協定》（*Incidents at Sea Agreement*, INCSEA）、1989 年美蘇《危險軍事行動協定》（*Agreement on the Prevention of Dangerous Military Activities*, DMAA）、1972 年《預防海上衝突國際規則條約》（*Convention on the International Regulations for Preventing Collisions at Sea*, COLREGS）與《國際民用航空條約》（*Convention on international Civil Aviation*, CICA），以及 2014

---

[44] "Memorandum of Understanding between the United States of America Department of Defense and the People's Republic of China Ministry of National Defense on Notification of Major Military Activities Confidence-Building Measures Mechanism," https://archive.defense.gov/pubs/141112_MemorandumOfUnderstanding OnNotification.pdf.

[45] "Memorandum of Understanding between the Department of Defense of the United States of America and the Ministry of National Defense of the People's Republic of China regarding Behavior of Air and Maritime Encounters," https://archive.defense.gov/pubs/141112_MemorandumOfUnderstandingRegardingRules.pdf.

年的《海上衝突迴避規範》（*Code for Unplanned Encounters at Sea,* CUES）等。[46]

二、軍民融合戰略

　　中國海軍、海警、海上民兵與預備役部隊在集中指導下，展開統合行動。[47] 2018 年 3 月，《黨和國家機構改革方案》和《武裝部隊改革實施方案》之公布，使中國海警成為武警部隊，被置於中央軍事委員會指揮之下。2020 年 7 月，預備役部隊亦成為中央軍事委員會指揮系統之下。[48]

　　2013 年以來，針對中國在南海的行動被稱為「梯形防衛」，即由海警局置於前方，海軍則在後方支援。在此背景下，中國正積極展開灰色地帶行動。提出為司令官制定類似《海軍行動法手冊》（*The Commander's Handbook on the Law of Naval Operations*），[49] 從而建立中國行動方針。[50] 另一方面，就現場層面觀之，美國海軍在情報收

---

[46] Peter Dutton and Andrew Erickson, "When Eagle Meets Dragons: Managing Risk in Maritime East Asia," https://www.realcleardefense.com/articles/2015/03/25/when_eagle_meets_dragon_managing_risk_in_maritime_east_asia_107802.html.

[47] 劉美，〈海上軍事活動的界定與美國南海「灰色地帶行動」〉，《國際安全研究》，第 3 期（2021 年），頁 102-131。

[48] 〈國防部新聞發言人吳謙就預備役部隊領導體制調整答記者問〉，http://www.mod.gov.cn/info/2020-07/01/content_4867464.htm。

[49] "U.S. Coast Guard, The Commander's Handbook on the Law of Naval Operations," Edition July 2007, https://www.marines.mil/Portals/1/Publications/MCTP%2011-10B%20(%20Formerly%20MCWP%205-12.1).pdf?ver=2017-07-11-151548-683.

[50] 劉美，〈爭議海域維權執法的強制管轄風險及中國因應─基於「烏克蘭艦艇扣押案」中海洋法法庭指示臨時措施的反思〉，《國際法研究》，第 3 期

集、疑似攻擊等活動，常態性 FONOP、美國軍事活動與其他活動，彼此之間較不易分辨。[51] 使中國國內認為，對於美國灰色地帶行動可能具有升高偶發衝突之危險性。

三、與東協國家進行合作

《南海各方行為準則》（COC）之確立與推動雙邊合作被視為重要之事。特別是中國與菲律賓之間在 2016 年締結協定，[52] 設立中菲海警海上合作聯合委員會即為案例。2020 年 1 月，中國海警船艦首次訪問菲律賓後，[53] 2018 年 11 月，兩國簽署《石油天然氣共同開發備忘錄》，為爭議海域資源共同開發交涉一事有所推進則是另一例證。

四、加強國際法對中國立場之解釋

中國正對過去國際法院之判決進行研究，從而為法律戰進行相關準備工作。

（2020 年），頁 73-86。

[51] 陳永，〈海軍職能與中美南海「灰色地帶」競爭〉，《國際關係研究》，第 5 期（2019 年），頁 84-108。

[52] Memorandum of Understanding between the China Coast Guard and the Philippine Coast Guard on the Establishment of Joint Coast Guard Committee on Maritime Cooperation ("PH, China Sign Coast Guard Cooperation Pact, 12 other Deals)," https://www.rappler.com/nation/ph-china-sign-coast-guard-cooperation-pact.

[53] 〈中國海警察艦艇首次訪問菲律賓〉，http://ph.china-embassy.org/chn/sgdt/t1732047.htm。

陸、結論

由於國際對灰色地帶行動之高度關注，對抗中國灰色地帶行動一事，成為日美兩國其中一項重要合作基礎。另一方面，中國對於美國進行灰色地帶行動之憂慮，在 2015 年逐漸升高，並開展相關對策之討論。

儘管國際普遍關注灰色地帶行動之概念，然而，各國對此概念之解釋存在顯著差異，並引發各項討論。各國研究學者對於競爭狀態、行為者、競爭手段或競爭領域的混合性質等見解大相逕庭。由此可知，灰色地帶行動不適合作為學術研究之概念。

在中國國內討論中，灰色地帶行動之定義包含上述之混合性。據此定義觀之，中國對於美國進行 FONOP 和美國沿岸警備隊在南海活動之警戒意識升高，為此推進對策之討論。就當前現況而言，美國為對抗與嚇阻中國灰色地帶行動所採取之行動，並未抑制中國灰色地帶行動之執行，甚至導致其具有升級之傾向。

中國對灰色地帶行動之關注，不僅係為回應美國灰色地帶行動。[54]中國國內針對 2014 年俄羅斯併吞克里米亞之灰色地帶行動具有高度關注，並認為此為灰色地帶行動之成功案例。儘管 2022 年 3 月俄羅斯對烏克蘭進攻並未能如俄羅斯所願，將使中國重新檢討灰色地帶行動，但其很有可能在未來以俄羅斯克里米亞模式進行灰色地帶

---

54 張犖、詹靜，〈克里米亞上演俄版「混合戰爭」〉，《中國國防報》，2020年 4 月 9 日。

行動。

　　誠如本文所述，世界不久後將走向美中兩極體制，中國對外政策執行狀況亦會影響其軍事戰略。例如，在核武戰略方面，對於麥納瑪拉（Robert S. McNamara）所強調之「相互保證摧毀乃嚇阻基礎」（Mutual Assured Destruction is the foundation of deterrence）的關注正在升高，[55] 中國核戰略之形貌正發生變化。此外，中國對美戰略以及灰色地帶行動亦有可能遵循既有路線。就當下而言，亞太／印太區域國家採取相對嚇阻之行動，以應對中國灰色地帶行動。

　　然而，美中兩國進行灰色地帶行動過程中，其發生偶發事故之機率並不低。為避免偶發事故之發生，並促成信賴機制之建立，灰色地帶行動定義明確化具有其必要性。在日本方面，海洋政策研究財團公布「專屬經濟水域航行及上空飛行指針」（Guidelines for Navigation and overflight in the Exclusive Economic Zone）以及「亞太排他性經濟水域建立信任和安全保障之行動理念」（Principles for Building Confidence and Security in the Exclusive Economic Zones of the Asia-Pacific），[56] 在制定共同行動理念與行動基準方面，日本亦能發揮相當之作用。

---

[55] "Mutual Deterrence" Speech by Sec. of Defense Robert McNamara, https://www.atomicarchive.com/resources/documents/deterrence/mcnamara-deterrence.html.

[56] 秋元一峰，〈アジア太平洋の排他的経済水域における信頼醸成と安全保障のための行動理念：排他的経済水域の安全保障に係る研究の成果〉，https://www.spf.org/oceans/analysis_ja02/b140512.html。

|第五章|
後疫情時期中國之領導期望及其挑戰

大門毅*

* 美國康乃爾大學、日本筑波大學博士。現任早稻田大學國際教養學部教授、國際平和戰略研究所所長、亞洲開發銀行顧問、日本經濟研究所理事。研究領域爲人文地理學、國際關係、開發經濟學。著有《平和構築論—開発援助の新戰略》、*Competition or Cooperation: China and Japan in International Aid, Investment and Trade* 等專書。

壹、前言

近年來，相對民主之七大工業化國家（G7）譴責北京在新疆和香港公然侵犯人權，以及其聲稱將在適當的時機統一台灣的野心說法，並將習近平的「一帶一路」倡議（BRI）視為對美國霸權的威脅，安倍晉三首相對抗性地提出了「自由開放的印度—太平洋」（FOIP）和「優質的基建夥伴計畫」（QIP），日本提出的倡議顯然與旨在圍堵中國的「四方安全對話」（QUAD，美國、日本、澳洲和印度）或AUKUS（澳洲、英國和美國）軍事夥伴關係聯繫在一起。

當世界正處於國家跨越長城的分裂邊緣時，隨著象徵性的美中貿易戰或中日外援戰，世界不僅進入了所謂的「新冷戰」（New Cold War），另外兩個事件可能加速了前述分裂：首先是新冠肺炎（COVID-19）引發的公共衛生危機，另一個則是其負面之副作用。

公衛危機需要非凡的政策干預和對私人權利的限制，這可能會在治理結構較脆弱的國家之間造成社會和政治的緊張局勢。儘管許多國家的經濟已經逐漸開始復甦，但是，這場危機在世界其他地區卻演變成為政治危機，不僅導致 2021 年緬甸和阿富汗的民主制度崩解，同時削弱了美國治世（pax-Americana），最終更導致俄羅斯在 2022 年入侵烏克蘭。

中國政府是第一個宣布戰勝疫情的國家，其外交部部長王毅在 2021 年 7 月的演說中曾如下自我評價：「中國是疫情期間唯一實現正成長的主要經濟體，為全球經濟復甦做出了重要的貢獻。」到

2021 年底，COVID-19 的全球傳播對經濟和社會的影響似乎有所趨緩，但 Delta 變異株的出現恢復了感染傳播，並暫緩了疫情的結束。截至 2022 年 4 月，由於執行嚴格的「清零政策」，整座上海 2,000 萬名人口都被限制走出家門；儘管取得初步的成功，但中國仍是最後一個等待經濟正常化和取消邊境限制的國家。

當經濟開始從疫情中復甦之際，俄羅斯在 2022 年初入侵了烏克蘭。自這場戰爭以來，北京當局在「種族滅絕」指控和對領土的野心兩個反西方言論上似乎有所緩和，因為過度好戰的態度可能會引發與西方國家更進一步的外交緊張，且顯然與他們的政治算計互相衝突。印度的軍事後勤完全依賴俄羅斯，這使得它陷入尷尬的外交處境；矛盾的是，印度和中國這兩個曾經對立的亞洲強權，現在正處於相同困境。

鑑於民主治理因疫情的蔓延而變得更加脆弱，在撰寫本文時，將烏克蘭危機當作「疫情副作用」的不幸證據，且隨後升級成為實際軍事對抗的論點，可能並不誇張。本文主要從東亞角度來探討後疫情時代的國際關係。在東亞，台灣愈來愈被視為是「下一個目標」。

貳、2020年至2021年疫情下的「資產負債表」

雖然討論 COVID-19 疫情的最終資產負債表似乎為時過早，特別是在新型變異株的影響尚不明朗，且日本首相岸田文雄（自 2021 年 10 月執政）採取緊縮而非放寬限制的情況下，仍有可能針對短期經

濟復甦和長期安全進行比較。在短期內，雖然大多數國家首要政策焦點是從疫情中復甦，但2022年的烏克蘭危機增加了嚴重的不確定性；例如，能源安全（歐洲對俄羅斯天然氣的依賴）、對烏克蘭難民的人道主義援助、對烏克蘭的經濟和軍事援助，以及對俄羅斯的經濟制裁等。2022年4月，在華盛頓舉行的20國集團（G20）財政部長和央行峰會當中，本可以通過後疫情時期經濟復甦計畫，最終卻顯示出G20國家與俄羅斯之間的差距日益加深。

由印尼財政部長英卓華（Sri Mulyani Indrawati）主持的G20華盛頓峰會上，在俄羅斯財政部長開始發言之前，來自美國、英國和加拿大的代表以退席表示對俄羅斯軍事侵略的抗議，而中國代表則譴責西方的態度，並稱「不應強迫任何國家退出G20成員國的資格」。G20華盛頓峰會證實了一個不幸的事實，即國際框架其實並不存在，更遑論政策制定者可以在那裡討論後疫情經濟復甦的G20或聯合國（UN）了。

正如米爾斯海默（John Mearsheimer）教授在《大妄想》（*The Great Delusion*）書中所描述的，烏克蘭戰爭似乎證實了反自由民主主義者的所有預測；對於烏克蘭危機，米爾斯海默在2014年指出：「美國及其歐洲盟友對這場危機負有絕大部分的責任。麻煩的根源是北約的東擴，這是將烏克蘭移出俄羅斯軌道，並納入西方更大戰略的核心要素。與此同時，歐盟東擴和西方對烏克蘭民主運動的支持，始

於 2004 年的橙色革命，這也是關鍵因素。」[1] 一場公開辯論和從疫情及其副作用產物中吸取的教訓似乎提供了一個方向：自由制度在國家和國際層次中的公信力喪失。米爾斯海默稱之爲「自由霸權的失敗」（failure of liberal hegemony），但何爲自由和民主的資本主義替代模式，此一問題將在後面加以討論。

參、中國自視為後疫情時代國際領導者

2021 年 11 月，中國共產黨（CCP）十九屆六中全會通過了〈中共中央關於黨的百年奮鬥重大成就和歷史經驗決議〉，[2] 將中國描述成世界的領導者。該決議將鄧小平稱爲「中國特色社會主義」的理念設計者，至於爲了實現「社會主義現代化」目標，截至 21 世紀中葉分爲三個階段進行，大體上於 2020 年前完成。然而，多黨民主從來就不是現代化議程的一部分，該決議輕描淡寫地提及 1989 年 6 月的「天安門事件」，僅稱「由於國際上反共反社會主義的敵對勢力的支持和煽動，國際大氣候和國內小氣候導致 1989 年春夏之交我國發生嚴重政治風波；黨和政府依靠人民，旗幟鮮明反對動亂，捍衛了社會主義國家政權，維護了人民根本利益」。關於香港和台灣問題，決議指出，北京將繼續「和平地」遵循鄧小平提出的「一國兩制」，但眾所

---

[1] John Mearsheimer, "Why the Ukraine Crisis Is the West's Fault: The Liberal Delusions That Provoked Putin," *Foreign Affairs*, Vol. 93, No. 5 (2014), p. 77.

[2] 〈中共中央關於黨的百年奮鬥重大成就和歷史經驗決議〉，《中華人民共和國中央人民政府》，http://www.gov.cn/zhengce/2021-11/16/content_5651269.htm。

周知，在疫情爆發之前，香港對民主運動的鎮壓並不「和平」，這也是國際社會嚴重關注台灣問題的主要原因。北京自豪地指出，中國已經並且將繼續在國際問題上做出領先貢獻，包括氣候變化、減貧、反恐、網路安全和對新冠肺炎的疫苗援助，這些都「導致中國的國際影響力和吸引力顯著提升」。

習近平的計畫是使一帶一路成為替聯合國永續發展目標（SDGs）做出貢獻的動能來源，正如外交部部長王毅在 2019 年指出：「中國的人權事業取得了歷史性進步；我們減少了 8.5 億貧困人口，對全球減貧貢獻率超過 70%，提前 10 年完成聯合國 2030 年可持續發展議程的首要目標，明年中國將在歷史上第一次徹底消除絕對貧困。」[3] 在 2022 年 9 月聯合國氣候變遷大會中也強調，中國積極落實《巴黎協定》，改善產業結構和能源結構，走出了一條綠色低碳循環發展之路，並聲稱「2020 年單位國內生產總值二氧化碳排放比 2005 年降低 48.4%，到 2030 年將比 2005 年下降 65% 以上」。

2021 年 6 月，王毅在「一帶一路亞太區域國際合作高級別視訊會議」中同樣指出，「迄今，同中方簽署一帶一路合作文件的夥伴國家已達到 140 個，合作夥伴貿易額累計超過 9.2 萬億美元，中國企業在沿線國家直接投資累計超過 1,300 億美元。一帶一路真正成為當今世界範圍最廣、規模最大的國際合作平台」，儘管有疫情，中歐鐵路

---

3 〈王毅：中國人權事業取得歷史性進步〉，《中華人民共和國外交部》，2019年 12 月 7 日，https://www.fmprc.gov.cn/wjbzhd/201912/t20191217_360176.html。

快線仍在積極運行，綠色絲綢之路和數字絲綢之路的發展勢態強勁，為落實 2030 年議程注入了新鮮而強大的動力。

　　儘管對中國是交往或圍堵政策的相關議題已經在研究人員或政策制定者之間展開辯論，但他們對永續發展目標和全球公共產品的承諾與西方民主國家的利益並不衝突。即使是在烏克蘭危機中，中國公共媒體也對烏克蘭人民表示了同情。進言之，雖然要信任中國並使其領導國際事務的風險太大，但將中國孤立與世界其他地區區隔開來可能會產生更困難的局面。對於永續發展目標等長期發展問題，國際發展社群應該在現有的制度框架下（如世界銀行、亞洲開發銀行、聯合國開發計畫署等）參與而不是圍堵中國。G7 甚至應該考慮在不久的將來把中國視為正式成員，前提是他們同意遵守遊戲的基本規則。畢竟，正如中國人所意識到的那樣，世界上大多數國家都希望為了自己的經濟利益與中國做生意。

肆、優衣庫追求更「道德的生意」

　　與中國恢復正常商業關係的最大瓶頸之一，乃是涉及有關新疆維吾爾的人權紀錄，其中，澳洲戰略政策研究所（ASPI）利用衛星數據，準確地指出了「集中營」（當地稱為「再教育中心」）的位置，並摧毀了清真寺等。根據 ASPI 的一項研究指出，新疆有 380 個營地，其中超過 61 個是自 2019 年以來建造的，這個數字正在逐年

增加。[4] 在 ASPI 的另一項研究中，一些世界領先的公司被指控是強迫維吾爾人勞動的共犯。[5] ASPI 報告中提到的優衣庫（Uniqlo）和無印良品等日本公司一直是美國進口限制之目標，他們被指控使用了維吾爾人的被迫勞動成果；對此，日本優衣庫董事長兼創始人柳井正（Tadashi Yanai）一度採取「不予置評」的態度，但面對輿論壓力，他們最終表達了對維吾爾族人權問題的「關切」。同樣地，面對烏克蘭危機，Uniqlo 再次不願暫停在俄羅斯的業務運作，因為「商業與政治無關」，但最終他們不得不遵循道德行為的準則。

這些事件似乎象徵著 21 世紀的「道德的商業模式」。換句話說，消費者應意識到消費中的道德問題，並願意在購買時支付更高的成本以履行其社會責任。這是一個象徵性典範的轉變，超越了 20 世紀的資本主義模式，後者旨在透過大規模消費和大規模生產來提高經濟效率。COVID-19 的餘波似乎進一步加速了這種模式的轉變。回想起來，COVID-19 疫情大幅度地動搖了現代社會資本主義模式的基礎。在過去，消費者和生產者都只需要考慮效用最大化或利潤最大化的理性經濟學，遵循策略優化不再被接受。

COVID-19 疫情不得不在個人自由和公共健康之間尋求平衡，這導致了一個根本性的問題，在後疫情世界中，自由市場資本主義模式

4　Nathan Ruser, "Documenting Xinjiang's Detention System," *ASPI*, https://cdn.xjdp.aspi.org.au/wp-content/uploads/2020/09/25125443/documenting-xinjiangs-detention-system.cleaned.pd.

5　Vicky Ziuzhong Xu, "Uyghurs for Sale: 'Re-education', Forced Labor and Surveillance Beyond Xinjiang," *ASPI*, https://www.aspi.org.au/report/uyghurs-sale.

是否應該被保留作爲可持續的模式。在重新質疑資本主義的辯論中，世界上特別是年輕一代（也稱爲 Z 世代）似乎復甦了對馬克思主義的某種興趣，這些新左派（New Left）普遍懷疑 SDGs 的有效性，他們認爲 SDGs 是對那些希望從「綠色」事業中獲利的企業的妥協結果。

伍、結論

　　隨著美國對全球問題的承諾愈來愈少，中國則相對表達出在這些領域展示領導力的欲望。透過 2018 年新成立直屬國務院之對外援助主管機構「國家國際發展合作署」，中國希望在達成 SDGs 目標方面發揮主導作用。必須指出，爲了全球利益，孤立中國是沒有意義的，但商業必須遵循「道德」行爲準則，這種從 20 世紀資本主義模式轉變而來的典範，與作爲 SDGs 核心支柱之「不遺落任何人」政策十分一致；在 21 世紀，幾乎所有的工業領域、食品、服飾、汽車和醫療，都無法逃避這種「道德商業」。消費者不應該浪費食物、衣服或他們生產的任何東西，生產者應該按照人權和多樣性來生產他們的產品，因此，儘量不要再吃速食也不要再穿快時尚了。

　　新疆維吾爾自治區主要城市烏魯木齊，曾作爲絲綢之路上的一個關鍵點而繁榮一時，但此後持續衰落。現今，烏魯木齊和北京之間透過世界上最快的高速鐵路和大約 3,000 公里的高速公路連接起來。隨著一帶一路政策的出現，預計該地區的投資將會增加。不用說，透過一帶一路公路和鐵路連接起來的中亞經濟體將愈來愈依賴中國經濟。

　　至於日本應該繼續對 BRI 和對華貿易採取謹慎態度嗎？毫無疑問，日本經濟非常依賴中國，但反過來也是如此（中國在經濟上也依賴日本）。隨著日本產品消費者商業道德意識的提高，企業團體業愈來愈多被問及是否可以繼續採取「非政治干預」和「不干涉內政」的立場。只要 21 世紀的商業行爲準則是尋求「道德商業」，就不可能像以前那樣繼續採取模稜兩可的態度。

PART 2

中國周邊外交熱點及其情境

|第六章|
中國的南海政策：
目標與策略

佐藤考一*

---

* 日本早稻田大學博士。現任櫻美林大學亞洲地域研究教授。曾任海上自衛
  隊幹部學校、防衛研究所講師。研究領域爲東亞安全研究、南海問題。

壹、前言

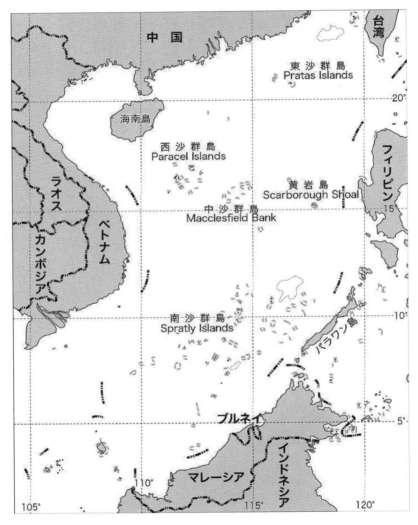

圖 6-1　中國九段線與南海

資料來源：Koichi Sato, China's "Frontiers": Issues Concerning Territorial Claims at Sea, Japan Border Review, Slavic-Eurasian Research Center, Hokkaido University, No. 1 (2010), p. 23.

南海有四個島群（圖 6-1），分別是東沙群島（台灣占領）、西沙群島（中國占領）、中沙大環礁群島（中沙群島：除黃岩島外，幾乎所有的海洋地物都沉沒），以及斯普拉特利群島（南沙群島：中國、台灣、越南、菲律賓、馬來西亞、汶萊主張擁有其主權）。[1] 每個島群由許多海洋特徵（礁島）組成，包括島嶼、小島、環礁、岩石、沉水岩、礁石和沙洲。表 6-1 顯示了南沙群島的現狀。中國收回了他們占領的 8 個地物中的 7 個。關於中國在南海的野心，人們已經說了很多。中國堅持占領或控制南海所有海域。他們的目標是什麼？他們的障礙是什麼？他們實現目標的策略是什麼？在本文中，筆者將探討這些問題，並思考未來的趨勢。

表 6-1　南沙聲索國及其被占領的海洋地物

聲索國	主權主張（年份）	占領地	簡易機場數量
中國	230+(1953)	7+1	3
中華民國台灣	230+(1947)	1	1
越南	230+(1956)	21+8	1
馬來西亞	15	5	1
菲律賓	53+1(1956)	8+1	1
汶萊	1~2(1982)	0	0

資料來源：The numbers of occupation and airstrip of above are based on the data of Island tracker of AMTI-CSIS, and Wu Shicun, Solving Disputes for Regional Cooperation and Development in the South China Sea: A Chinese Perspective, Japanese Edition, Kadensha Publisher, 2017. Regarding the Vietnamese occupation, Dr. Wu reported that Vietnam had occupied 29 atolls in his book. A Vietnamese diplomat told the author that they had occupied 21 atolls, and former South Vietnamese government had once occupied 29 atollson January 24, 2018.

---

[1] 浦野起央，《南海諸島国際紛争史》（東京：刀水書房，1997 年）。

貳、中國的目標

我們可以列舉三個中國目標：蛋白質和能源資源，戰略潛艇對美國海軍的二次打擊能力，「一帶一路」倡議（BRI）提升中國影響力，中國占領南海就可以實現。首先，1979 年至 2019 年，[2] 中國人口增加了 4.3 億，中國對蛋白質、能源的需求量相應增加。但中國的海水捕撈量和能源產量下降，尤其是在這 20 年。這就是爲什麼中國爲了自己的發展而試圖控制南海的漁業和能源資源。

2020 年中國漁業產量明確顯示了實際情況（表 6-2）。漁業生產的最大部分是淡水養殖，可以將魚類與受污染的水隔離開來。《中國海洋發展報告 2021》聲稱，中國沿海地區的水質有所改善，但許多地區的污染仍然存在。[3] 報告表示，2019 年中國河口海域有油、磷、汞沉澱。[4] 2019 年也有 38 次赤潮。[5]

我們可以從表 6-3 中檢測出捕魚量的趨勢。這表明中國的海洋捕撈總量和南海的捕撈量在這 10 年中有所下降。2006 年中國海水養殖產量 1,446 萬噸，2006 年超過海水捕撈量（表 6-3）。1999 年中國海洋魚類總捕撈量爲 1,497 萬噸，1999 年南海捕撈量爲 345 萬噸。[6] 中國

---

[2] アジア経済研究所，《アジア動向年報 1980》，頁 109；Institute of Developing Economies, *Ajia Doko Nenpo 2020*, p. 99.

[3] 《中國海洋發展報告 2021》（北京：海洋出版社，2021 年），頁 155-162。

[4] 同上註 3，頁 157。

[5] 同上註 3，頁 160。

[6] 《2000 中國漁業統計年鑑》（北京：中國農業出版社，2000 年），頁 105。

2019 年海洋魚類總捕撈量爲 1,000 萬噸，2019 年南海捕撈量爲 300 萬噸。[7]

表 6-2　2020 年中國漁業產量明細

單位：百萬噸

總產量	65.49	（%）
海洋捕撈	9.47	（14.4）
水產苗種	2.35	（3.5）
海水養殖	21.35	（32.6）
淡水捕撈	1.45	（2.2）
淡水養殖	30.88	（47.1）

資料來源：農業農村部漁業漁政管理局，《2021中國漁業統計年鑑》，頁17。

表 6-3　中國漁業捕撈和海洋養殖

單位：百萬噸

年份	南海	東海	黃海	渤海	全中國	海洋養殖
1999	3.45	5.45	3.47	1.62	14.97	9.74
2006	3.82	5.02	3.15	1.22	14.42	14.46
2010	3.29	4.61	3.04	1.06	12.04	14.82
2011	3.39	4.92	3.04	1.05	12.42	15.51
2012	3.52	5.18	2.93	1.04	12.67	16.44
2013	3.46	5.02	3.18	0.97	12.64	17.39
2014	3.56	4.89	3.31	1.02	12.80	18.12
2015	3.75	4.99	3.35	1.03	13.14	18.75

---

[7]　同上註 6，頁 40。

表 6-3　中國漁業捕撈和海洋養殖（續）

年份	南海	東海	黃海	渤海	全中國	海洋養殖
2016	3.76	5.17	3.32	1.01	13.28	19.63
2017	3.38	4.51	2.52	0.69	11.12	20.00
2018	3.09	4.17	2.38	0.79	10.44	20.31
2019	3.00	4.07	2.29	0.62	10.00	20.653
2020	2.79	3.80	2.26	0.60	9.47	21.353

資料來源：《2000-2021中國漁業統計年鑑》。

　　根據英國哥倫比亞大學 2015 年的一項研究，南海每年至少生產 1,000 萬噸魚，但真實數字可能要高得多，因為數據並未考慮非法、不受管制和未報告的捕撈活動。[8]中國針對這些魚，派出多艘漁船進入南海。

　　2000 年中國國內石油產量為 1.62 億噸，2000 年石油消費量為 2.12億噸。[9]如果是這樣，2000 年中國石油自給率為76.5%（表6-4）。2018 年中國國內石油產量為 1.89 億噸，2018 年石油消費量為 6.3 億噸。如果是這樣，2018 年中國石油自給率為 30.0%。近十年自給率迅速下降，中國預計南海石油儲量豐富，據說 2005 年南海石油儲量估計為 23～300 億噸或 168～2200 億桶。[10] 這就是中國急需南海海洋

8　Leslie Lopez, "South China Sea: Fish Wars," *Straits Times* (April 3, 2016), p. A8.

9　《中國能源統計年鑑 2019》（北京：能源統計司、國家統計局，2019 年），頁 38、127。

10　Leszek Buszynski and Iskandar Sazlan, "Maritime Clams and Energy Cooperation in the South China Sea," *Contemporary Southeast Asia*, Vol. 29, No. 1, p. 156. But Dr. Buszynski mentioned that Western estimate soft hearea's oil reserves differ significantly.

表 6-4　中國的石油生產和消費

單位：10,000 噸

年份	1995	2000	2005	2010	2011	2012
生產量	15,004.7	16,262.0	18,135.4	20,301.4	20,287.6	20,747.8
消費量	14,886.3	21,232.0	30,088.9	42,874.5	43,965.8	46,678.9
自給率	100.7	76.5	60.2	47.3	46.1	44.4
年份	2013	2014	2015	2016	2017	2018
生產量	20,992.0	21,142.8	21,455.6	19,968.6	19,150.6	18,932.5
消費量	48,652.1	51,596.9	54,788.2	57,125.9	59,402.1	63,004.3
自給率	43.1	40.9	39.1	34.9	32.2	30.0

資料來源：國家統計局能源統計司，《中國能源統計年鑑2019》。

油田的原因。

其次，中國謀求稱霸整個南海，以發展和維持戰略潛艇對美國海軍的二次打擊的能力，儘管美國海軍無意讓中國稱霸南海。長期以來，美國的近距離監視活動一直是中國政治和軍事領導層的嚴重安全擔憂。根據由冀表示，「一位中國前將軍說，2014 年美國的近距離航空和海上偵察活動達到了 1,200 次，比 2009 年的 260 次大幅增加。[11] 中國希望將美國海軍全部排除在外。此活動讓南海成為戰略潛艇的避難所。」如果是這樣，中美衝突如 2001 年 4 月的 EP-3 事件和 2009 年 3 月的 USNS 事件將會繼續發生。[12]

---

[11] You Ji, "Chapter 9: Coping with the Worsening Geostrategic Environment in Asia," *Security Outlook of the Asia Pacific Countries and Its Implications for the Defense Sector, NIDS Joint Research Series*, No. 14 (2016), pp. 97-98.

[12] "Counter-coercion series: Harassment of the USNS Impeccable," https://amti.csis.

中國共產黨於 2012 年 11 月召開第十八屆代表大會，時任國家主席胡錦濤於 2012 年 11 月 8 日強調中國是海洋強國。[13] 國家海洋局（SOA）局長劉賜貴於 2012 年 11 月 12 日將海上強國定義爲「具有開發、使用、保護和控制海洋的強大而全面的能力」的國家。[14] 他強調，「中國經濟已經成爲高度依賴海洋資源和海洋空間的外向型經濟。如果是這樣，我們將在域外管轄範圍內開發和收回海洋資源和海洋權利。爲了保障這些活動，我們將建設海上強國。」中國可能建設一個能夠控制包括東海和南海在內的整個印度太平洋的海上強國。

中國政府可以透過「一帶一路」倡議將其政治影響力擴展到所有沿岸國家和外部大國。[15] 2013 年，中國國家主席習近平在哈薩克和印尼提出了「一帶一路」倡議，以加強跨大陸的互聯互通與合作。[16] 世界銀行集團表示，「如果完成，一帶一路交通項目可以將經濟走

org/counter-co-harassment-usns-impeccable/; "Reflection on the 20th Anniversary of the EP-3 Incident," http://www.scspi.org/en/dtfx/reflection-20th-anniversary-ep-3-incident (accessed 2021/10/22).

[13] *People's Daily*, November 9, 2012, p. 3.

[14] "The Significance of Maritime Power which was Suggested at the Party Congress," *People's Daily Online*, November 12, 2012, http://j.people.com.cn/95952/8014987.html (accessed 2021/10/22).

[15] "Belt and Road Initiative," *World Bank*, March 29, 2018, https://www.worldbank.org/en/topic/regional-integration/brief/belt-and-road-initiative (accessed 2022/1/30).

[16] "Promote Friendship Between Our People and Work Together to Build a Bright Future," September 8, 2013, https://www.fmprc.gov.cn/ce/cebel/eng/zxxx/t1078088.htm, Speech by Chinese President Xi Jinping to Indonesian Parliament, October 2, 2013, http://www.asean-china-center.org/english/2013-10/03/c_133062675.htm (accessed 2022/3/16).

廊沿線的旅行時間減少 12%，貿易增加 2.7% 至 9.7%，收入增加高達 3.4%，並使 760 萬人擺脫極端貧窮。」[17]

　　但世界銀行集團提出「一帶一路」的風險是許多重大基礎設施項目共有的風險：債務風險、治理風險（腐敗和採購）、基礎設施受限、環境風險和社會風險。[18]「一帶一路」倡議包括陸上絲綢之路與 21 世紀的海上絲綢之路。後者與中國要管控的南海海上交通線有關，這讓我們想起了馬漢海權的概念。[19] 這可能是中國共產黨未來的第三個也是最後一個目標，儘管很難。

參、中國的障礙

　　中國實現目標的障礙是常設仲裁法院（PCA）2016 年 7 月的裁決、[20] 東協（ASEAN）聲索國與中國的海上競爭，以及西方國家對航行自由行動的支持。PCA 裁決否定了中國九段線的法律依據（圖 6-1）。南沙群島的東協聲索國，還有美國、日本、印度、澳洲

---

[17] See note 15.

[18] See note 15.

[19] Alfred Thayer Mahan, *The Influence of Sea Power upon History, 1660-1783*, Japanese edition (Hara Shobo Publishers, 2010).

[20] "PCA Press Release: The South China Sea Arbitration," *The Republic of Philippines v. The People's Republic of China*, https://pca-cpa.org/en/news/pca-press-release-the-south-china-sea-arbitration-the-republic-of-the-philippines-v-the-peoples-republic-of-china/ (accessed 2016/7/13).

等四方國家，以及一些歐洲國家拒絕接受中國對南海的控制。[21] 東協聲索國至少 9 次派出軍艦與中國海警的巨型巡邏艦競爭，因為龐大的中國海巡船隻擾亂了東協海上執法機構對中國偷獵者的抓捕。這是東協國家的一種戰爭邊緣策略（表 6-5）。

四方國家和一些歐洲國家主張航行自由，美國（2015 年 10 月至2021 年 9 月至少 34 次：表 6-6）、澳洲（2018 年 4 月 15 日、2019年 5 月 20 日）、法國（2018 年 3 月 23 日）和英國（2018 年 8 月 31日）派遣軍艦並進行「自由航行行動」（FONOP）。[22] 日本海上自衛

---

[21] The Quadrilateral Security Dialogue (Quad) is a strategic dialogue between the United States, India, Japan, and Australia that is maintained by the talks between member countries. The dialogue was initiated in 2006 by Japanese Prime Minister Shinzo Abe with the support of U.S., Australia, and India. The dialogue was paralleled by joint military exercises of an unprecedented scale, titled Exercise Malabar. "Quad-Today's Word," Nihon Keizai Shimbun, March 13, 2021, p. 3, "India Deploys Warships in South China Sea as Part of 'ActEast' Policy," *Reuters*, August 4, 2021, https://www.reuters.com/world/india/india-deploys-warships-south-china-sea-part-act-east-policy-2021-08-04/ (accessed 2021/10/28).

[22] Table-4, Reuters, Bloomberg, "Australia Asserts Right to South China Sea Passage," *The Straits Times*, April 21, 2018, http://www.straitstimes.com/asia/australianz/australia-asserts-right-to-south-china-sea-passage (accessed 2018/4/28); "USS Prebleand HMAS Melbourne conducted FONOP in the South China Sea, "*Navy Recognition*, May 21, 2019, https://www.navyrecognition.com/index.php/news/defence-news/2019/may/7105-uss-preble-and-hmas-melbourne-conducted-fonop-in-the-south-china-sea.html (accessed 2019/8/23); "French Navy Frigate Conducts FONOP in South China Sea," *Navy Naval Defense News*, March 23, 2018, http://www.navyrecognition.com/index.php/news/defense-news/2018/march-2018-navy-naval-defense-news/6081-french-navy-frigate-conducts-fonop-in-south-china-sea.html (accessed 2018/10/1); "British navy's HMS Albion warned over South China Sea 'Provocation'," *BBC*, September 6, 2018, https://www.bbc.com/news/uk-45433153 (accessed 2018/10/17).

表 6-5 東協軍艦與中國海巡和中國漁船在南海的較量

船籍	日期	海域	軍艦類型	中國漁船
Indonesia	2016.5.27	Natuna	Frigate	Anonymous CCG
Indonesia	2016.6.18	Natuna	Corvette	Fishing Boats Only
Indonesia	2020.1.5-1.9	Natuna	Corvette	CCG 3303, others
Indonesia	2020.12.1	Natuna	Corvette	Type 718 CCG
Indonesia	2021.8-10	Natuna	Not Specified	Haiyang Dhizhi 10, CCG
Malaysia	2010.4	Spratly	Frigate	Yuzheng 311, others
Malaysia	2020.1.5-1.9	Spratly	Frigate	CCG 5202, 5203, 5305
Malaysia	2021.6.4-7.5	Off Sarawak	Auxiliary ship	CCG 5403, 5303
Philippines	2012.4.10	Scarborough	Frigate	CMS 75, 84
Vietnam	2019.8.17	Spratly	Frigate	CCG 3901

資料來源：AMTI.CSIS, BienDong, JakartaPost, StraitsTimes, YomiuriShimbun, Weibo.

註：Yuzheng (Fishery Low Enforcement Command), CMS (China Marine Surveillance) and Custom areintegrated with Police Coast Guardandbecame China Coast Guard (CCG) in 2013.

隊（JMSDF）也在南海與美國海軍進行了多次聯合海軍演習，例如，日本海上自衛隊「出雲號」（DDH 183，圖 6-1）便於 2019 年 6 月 10 日與「雷根號」（CVN 76）在南海進行了聯合海上訓練。[23]

---

[23] "Izumoand US Aircraft Carrier, Joint Training in the South China Sea, Check the Chinese Naval Deployment," *Sankei Shimbun*, June 12, 2019, p. 1.

圖 6-1　日本海上自衛隊 DDH 出雲號

圖片來源：佐藤考一拍攝。

表 6-6　2015-2021 年美國海軍在南海的自由航行行動

日期	軍艦名稱	自由船行行動海域
2015.10.27	USS Lassen	Subi Reef, Mischief Reef
2016.1.30	USS Curtis Wilbur	Paracel Island (TritonIsland)
2016.5.10	USS William P. Lawrence	Fiery Cross Reef
2016.10.21	USS Decatur	Paracel Islands (Triton Island, Woody Island)
2017.5.24	USS Dewey	Mischief Reef (Trump Administration)
2017.7.2	USSS tethem	Paracel Islands (Triton Island)
2017.8.10	USS John S. MacCain	Mischief Reef
2017.10.10	USS Chafee	Paracel Islands
2018.1.17	USS Hopper	Scarborough Shoal
2018.3.23	USS Mustin	Mischief Reef
2018.5.27	USS Higgins, USS Antietam	Paracel Islands
2018.9.30	USS Decatur	Gaven Reef (40maccess)

表 6-6　2015-2021 年美國海軍在南海的自由航行行動（續）

日期	軍艦名稱	自由船行行動海域
2018.11.26	USS Chancellorsville	Paracel Islands
2019.1.7	USS McCampbell	Paracel Islands
2019.2.11	USS Spruance, USS Preble	Spratly Islands
2019.5.6	USS Preble, USS Chung Hoon	Gaven Reef, Johnson South Reef
2019.5.20-5.21	USS Preble (5.20-21), Australian Frigate: HMAS Melbourne (5.21)	Scarborough Shoal
2019.8.28	USS Wayne E. Meyer	Fiery Cross Reef, Mischief Reef
2019.9.13	USS Wayne E. Meyer	Paracel Islands
2019.11.20	USS Gabrielle Giffords（LCS-10）	Mischief Reef
2019.11.21	USSWayne E. Meyer	Paracel Islands
2020.1.25	USS Montgomery	Mischief Reef
2020.3.10	USS McCampbell	Parcel Islands
2020.4.28	USS Barry	Paracel Islands
2020.4.29	USS Bunker Hill	Gaven Reef
2020.5.28	USS Ralph Johnson	Spratly Islands
2020.5.28	USS Mustin	Paracel Islands
2020.7.14	USS Ralph Johnson	Spratly Islands
2020.8.27	USS Mustin	Paracel Islands
2021.2.5	USS John S. MacCain	Paracel Islands
2021.2.17	USS Russell	Spratly Islands
2021.5.20	USS Curtis Wilbur	Paracel Isdlands
2021.7.12	USS Benfold	Paracel Islands
2021.9.8	USS Benfold	Mischief Reef

資料來源：AMTI.CSIS, Asahi Shimbun, Diplomat, ISEAS Perspective, Straits Times, USNI News, Yomiuri Shimbun.

肆、中國的戰術

首先，中國向南海派出大型中國海警船（CCG）和配備海上民兵的漁船，以壓倒東協海警船及其漁船。

據說，中國中央政府為參與海上民兵的漁船提供四種補貼：南沙主幹漁船（SBFV）雙燃料補貼、漁船建造補貼、專業海上民兵漁船（MMFV）建造補貼，以及漁船通信、導航和安全設備安裝與改造補貼。[24]最高補貼金額為400萬元人民幣（123,873.52 美元），適用於長度等於或超過 55 公尺的漁船。[25]

三沙漁業發展有限公司（SFDC）擁有和運營的一些 MMFV，每艘至少重達 1,000 噸，配備高壓水砲、輕武器和加強裝甲，到 2018 年已經有 64 艘船投入使用。[26]民兵船隻隨行中國執法船在與馬來西亞和越南的幾次油氣對峙中，參與了目標特徵的大規模開發；2018 年在菲律賓占領的中業島（Thitu Island）附近部署了近 100 艘民兵船，2021 年春季在無人居住的聖靈群島聚集了約 200 艘民兵船。[27]目前在南海組建的民兵由中國廣東的 10 個港口組成，據說每天大約有 300

---

[24] Gregory B. Poling, et al., "Pulling Back the Curtain on China's Maritime Militia," *CSIS*, November 2021, p. 15, https://csis-website-prod.s3.amazonaws.com/s3fs-public/publication/211118_Poling_Maritime_Militia.pdf?Y5iaJ4NT8eITSlAKTr.TWxtDHuLIq7wR (accessed 2021/11/28).

[25] Ibid., p. 19.

[26] Ibid., p. 22.

[27] Ibid., p. VII.

艘民兵船隻在南沙群島活動。[28]

　　中國於 2021 年 1 月制定了新的《海警法》，以加強其在管轄水域的執法能力。[29] 據說中國海警可以使用武器來捍衛中國的主權，中國海警將與中國解放軍一起參與防禦行動。中國的管轄水域不僅包括領海，還包括中國政府規定的其他一些海域。中國海警在 2013 年引進了 618B 型巡邏艦（長 63.5m× 寬 9m× 深 4.746m，排水量 651.38 噸，航速 25.6 節）[30] 和 2022 年 2 月引進的 056 型護衛艦（長 88.9m× 寬 18m，排水量 1,340 噸，航速 25 節）。[31] 618B 型和 056 型不是大型巡邏艦，而是耐用、危險的船隻，因此它們將使海上交戰更加激烈。

　　中國海警船比東協軍艦大，許多新的中國鋼製拖釣船排水量約為

---

[28] Ibid., p. VII.

[29] "China Gives the China Coast Guard Permission to Use the Weapons," *Yomiuri Shimbun*, January 23, 2021, p. 1; "None of Our Business? Locsin Files Protest after Reflection," *Philippine Daily Inquirer*, January 28, 2021, https://globalnation. inquirer.net/193364/none-of-our-business-locsin-files-protest-after-reflection, https://twitter.com/teddyboylocsin/status/1354352774591389697 (accessed 2021/1/29).

[30] The China Coast Guard let type 618B patrol vessels collided into the Vietnamese vessels in the maritime engagement in Paracel waters in May 2014. Type 618B patrol vessel was durable enough to give serious damage to the Vietnamese vessels. *Naval and Merchant Ships*, February 2013, p. 95, *Sankei Shimbun*, May 11, 2014, p. 1.

[31] The PLA navy decided to transfer some type 056 corvettes to the CCG (maximum 20vessels), and it is said that they are expected to control Taiwan Independent movement and stabilize the situation in South China Sea. They may maintain 76mm main guns. "Quick response to maritime engagement: Type 056 corvettes transform to the China Coast Guard patrol vessels," *Navaland Merchant Ships*, February 2022, pp. 84-89.

500噸，因此它們也比東協國家的木製小型漁船大。[32]中國尋求避免與美國開戰，並利用中國海警船隻和漁船控制南海海域。有時，美國海軍和盟軍在南海進行航行自由行動（FONOP）和聯合海軍演習，以遏制中國的野心。

中國海警船和中國漁船可以在南海長期停留，因為中國已經開墾了一些大礁石，成為中國海警船和中國漁船在南海的補給基地。2021年4月至2021年10月，中國讓他們的漁船在聯合銀行的聖靈群島和蘆葦灘的易洛魁礁海域捕魚。[33]我們認為中國政府讓他們展示了中國在這些海域的存在。中國與菲律賓和越南競爭，[34]他們有可能在未來占領這些海地並建造更多的前哨站。

中國還研製了反艦彈道導彈，並於2020年8月26日進行了試驗。[35]它被稱為「航母殺手」，中國可能會用它來遏制美國的海軍力

---

[32] "Mat Sabu: China's Coast Guard Vessels Bigger Than Malaysian Warships," *KiniTV*, Octoebr 4, 2020, https://www.kinitv.com/video/24ebcc40-287b-4c1c-92b8-269a02892b2e; Adrian David, "Mat Sabu's Aide Comes out in Defence of His Boss," *New Straits Times*, June 4, 2019, https://www.nst.com.my/news/nation/2019/06/493911/mat-sabus-aide-comes-out-defence-his-boss (accessed 2020/10/4); Gregory B. Poling, "Illuminating the South China Sea's Dark Fishing Fleets," *Stephenson Ocean Security*, *Sankei Shimbun*, July 14, 2017, pp. 1, 3.

[33] "Therer and Back Again: Chinese Militia at Iroquois Reef and Union Banks," https://amti.csis.org/there-and-back-again-chinese-militia-at-iroquois-reef-and-union-banks/ (accessed 2021/10/29).

[34] Andrew S. Erickson and Ryan D. Martinson, eds., *China's Maritime Gray Zone Operations*, Japanese edition, pp. 216-217.

[35] "China Tested 'Carrier Killers' Against Moving Ship," *Yomiuri Shimbun*, January 14, 2021, p. 1.

量。根據消息人士稱，中國軍方從青海省內陸發射了一枚東風-26B導彈，射程約 4,000 公里，目標是一艘自動導航的老式無人商船。[36]幾分鐘後，一枚射程超過 1,500 公里的東風-21D 導彈從東部沿海省分浙江省發射。據說這兩枚導彈幾乎同時擊中了這些船隻，使船隻沉沒。但另一位消息人士稱，北京發射了四枚導彈，[37] 如果是真的，導彈的命中概率是 50%。

霍爾姆斯（James Holmes）指出，中國發展反艦彈道導彈的目的是建立 21 世紀堡壘艦隊的能力。[38] 根據馬漢（Alfred Thayer Mahan）的說法，堡壘艦隊是指躲在旅順要塞大砲下的俄羅斯艦隊。要塞的砲台在 1904 年至 1905 年保護日本帝國海軍。[39] 這種做法將俄羅斯海軍的機動自由限制在狹小的海域，但 21 世紀堡壘艦隊不同，如果中國反艦彈道導彈命中率更高，它們可能會從南海填海島礁、中國城市沿海地區和中國內陸省分瞄準美國海軍砲艇。如果是這樣，中國可以將

---

[36] According to the Chinese official TV report of the military parade on October 1, 2019, DF-26 missiles have the in-vehicle type. If so, its survival rate is higher than other missiles which are installed at the military base, https://www.youtube.com/watch?v=ofimgaO7Qck (accessed 2019/10/12).

[37] "Beijing Fires Missiles in South China Sea as US Adds Sanctions," *Straits Times*, August 27, 2020, https://www.straitstimes.com/world/united-states/beijing-fires-missiles-in-south-china-sea-as-us-adds-sanctions (accessed 2021/10/17).

[38] James Holmes, "Anti-Access and the 'Fortress-Fleet'," *The Diplomat*, September 10, 2012, https://thediplomat.com/2012/09/anti-access-and-the-fortress-fleet/ (accessed 2022/3/11); James Ronald Holmes, *A Brief Guide to Maritime Strategy*, Japanese edition, pp. 222-226.

[39] James Ronald Holmes, *A Brief Guide to Maritime Strategy*, op. cit., pp. 223-224.

包括美國海軍在內的所有西方海軍排除在南海之外，使其成爲未來中國戰略潛艇的避難所。但這些可能還需要很長的時間。

其次，中國呼籲東協國家展開疫苗外交、經濟合作，並強調南海行爲準則（COC）進程的進展。[40] 這些努力是爲了淡化東協在東協部長級會議（AMM）和東協—中國外長會議上對中國在南海問題上的譴責力道。[41] 中國還利用柬埔寨、寮國等受寵國干擾東協在南海問題上反對中國的共識，[42] 中國似乎試圖與東協國家組織親中財團來競爭反中 G7。「域外國家的干涉是對南海和平穩定的最大威脅」，中國外交部部長王毅在東協區域論壇（ARF）上如此表示；[43] 第三，中國

---

40 Tan Dawn Wei, "Beijing Not Advancing Claim in South China Sea with Covid-19 as Cover: Foreign Minister," *Straits Times*, May 24, 2020, https://www.straitstimes.com/asia/east-asia/beijing-not-advancing-claims-in-south-china-sea-with-covid-19-as-cover-fm-wang-yi (accessed 2020/5/24); Charissa Yong, "Asean, China Agree on Text to Negotiate Code of Conduct on South China Sea," *Straits Times*, August 2, 2018, https://www.straitstimes.com/politics/asean-china-agree-on-text-to-negotiate-code-of-conduct-in-south-china-sea (accessed 2018/8/9).

41 〈王毅國務委員兼外長在紀念中國東盟建立對話關係30周年特別外長會上的致辭（重慶）〉，《中國外交部》，2021年6月7日，https://www.fmprc.gov.cn/web/wjbzhd/t1881992.shtml（瀏覽日期：2021/6/8）；"China's foreign minister Wang Yi urges countries to safe guard peace in South China Sea," *Straits Times*, August 4, 2021, https://www.straitstimes.com/asia/east-asia/chinas-foreign-minister-wang-yi-urges-countries-to-safeguard-peace-in-south-china-sea (accessed 2022/3/14).

42 "Asean, China Pledge to Exercise Restraint in South China Sea, Gloss over Myanmar Crisis," *Straits Times*, June 8, 2021, https://www.straitstimes.com/asia/east-asia/asean-china-pledge-to-exercise-restraint-in-south-china-sea-increase-vaccine (accessed 2021/7/13).

43 "China Warns on 'Interference' in ASEAN to Keep US at Arm's Length," *Nikkei Asia*, August 8, 2021, https://asia.nikkei.com/Politics/International-relations/

在東協區域論壇和東亞峰會等東協會議外交中與西方國家競爭。[44]

　　中國可能會利用「一帶一路」、疫苗外交和經濟合作來切斷自由開放的印太地區（FOIP）的聯繫：美國、東協、歐盟、印度和日本。為因應中國的這些政治攻勢，東協、四方和澳洲—英國—美國（AUKUS）構成了未來幾十年印太安全將依賴的承重支柱。[45]

伍、結論

　　中國討厭約束自己的小國規則。1995 年 8 月，中國與東協國家就南海問題建立了兩項海上安排，即 2002 年 11 月《中華人民共和國—菲律賓關於南海及其他地區磋商的聯合聲明》、《關於南海各方行為的宣言》（DOC）。2011 年 10 月中越兩國就指導解決涉海問題的基本原則達成一致，但均未生效。如果是這樣，正在談判的南海行為準則（COC）就不那麼樂觀了。中國的目標可能是延長與東協國家的談判，並實現「準則」的中立化。

　　如果是這樣，最重要的是日本和美國等東協的其他外部對話夥伴如何支持東協並管理海上事件？他們是否認真捍衛南海的自由國際秩

China-warns-on-interference-in-ASEAN-to-keep-US-at-arm-s-length (accessed 2021/3/14).

[44] "China Warns on 'Interference' in ASEAN to Keep US at Arm's Length," *Nikkei Asia*, August 8, 2021, op.cit.; "South China Sea, Serious Concern, East Asia Summit," *Yomiuri Shimbun*, November 21, 2020, p. 2.

[45] Patrick M. Cronin, "The 3 Pillars of Asia's New Security Architecture," *Straits Times*, October 2, 2021, p. A29.

序？如果日美同盟、歐盟、英國、澳洲和印度長期致力於南海安全，我們可以阻止中國在海域的暴力崛起；如果我們的態度模稜兩可，或者妥協，中國就有機會打破這條圍堵中國的鎖鏈。

澳洲、印度和日本外長與美國國務卿在 2022 年 2 月 11 日的聯合聲明中提到了海上安全如下：[46]「四方認識到，海洋領域的國際法、和平與安全是印太地區的發展與繁榮。我們重申遵守國際法的重要性，特別是《聯合國海洋法公約》（UNCLOS）所反映的國際法，以應對基於海洋規則的秩序的挑戰，包括在南海和東海的挑戰。我們決心深化與區域夥伴的接觸，包括通過能力建設和技術援助，以加強海洋領域意識（MDA）；根據《聯合國海洋法公約》保護他們開發離岸資源的能力、確保航行和飛越自由、應對挑戰，例如非法、未報告和無管制的捕撈活動，並促進海上交通線路的安全和安保。」

如果是這樣，我們將履行對南海安全的承諾，但我們必須考慮冷戰時期與當前美中對抗之間的區別。在冷戰時期，美國和蘇聯之間沒有經濟上的相互依存關係，儘管現在所有西方經濟體都與中國深入交往。對我們來說，中國是比蘇聯更強大的對手。東協聲索國和西方對話夥伴應利用東協區域論壇（ARF）、東亞峰會（EAS）和東協 +1 峰會討論南海衝突，發展海上態勢感知（MSA）通訊網絡。[47]

---

[46] "Joint Statement of the Foreign Ministers of Australia, India and Japan and the Secretary of State of the United States; Quad Cooperation in the Indo-Pacific," February 11, 2022, https://www.mofa.go.jp/mofaj/files/100301156.pdf.

[47] "Crisis Management at Sea Urgent Proposals form the Field," *Institute for International Policy Studies*, October 2016, https://npi.or.jp/research/data/Crisis_

　　MSA 是 MDA 的一部分，全球海上態勢感知在國家海洋領域感知作戰概念中定義如下：「它是來自每個機構和每個國家的數據的綜合融合，以提高對海洋領域的瞭解。它以一種可以識別趨勢和檢測異常的方式形成對海上活動的持續監測。它是當前狀態和趨勢的分層圖，包括與 MDA 支柱（船舶、貨物、人員和基礎設施）以及相關經濟和環境問題有關的訊息。」[48]

　　四國加強和定期的航行自由行動（FONOP）以及海上巡邏和訓練演習是必要的。日本海上保安廳（JCG）和日本海上自衛隊（JMSDF）於 2019 年 6 月 26 日在南海進行了首次聯合訓練（圖 6-2），[49]這可能是兩國海上安全合作的一個很好的例子。地區海岸警衛隊機構和海軍在南海，我們應該從美國的合作戰略中學到很多東西。[50] 建立海上安全資訊共享中心（MSISC）是另一個選擇。[51] 南海 MSISC 將與

Management_at_Sea_en161028.pdf (accessed 2021/10/31); "International Conference in Jakarta, Maritime Security in East Asia," http://www.iips.org/en/publications/2017/03/23130215.html (accessed 2021/10/31).

[48] "National Concept of Operations for Maritime Domain Awareness," December 2007, https://web.archive.org/web/20111004213300/, http://www.gmsa.gov/twiki/bin/view/Main/MDAConOps (accessed 2022/2/13).

[49] "The Joint Exercise of JCG and JMSDF in the South China Sea," *Asahi Shimbun*, June 27, 2019, p. 3.

[50] "A Cooperative Strategy for 21st Century Sea Power," https://news.usni.org/2015/03/13/document-u-s-cooperative-strategy-for-21st-century-seapower-2015-revision (accessed 2022/3/16).

[51] In statute for International Policy Studies (IIPS) & Center for Strategic and International Studies (CSIS) of Indonesia, Co-organized, Summary of International Conference on Maritime Security in the East Asia-Regional and Functional Cooperation, Jakarta, February 13-14, 2017, https://npi.or.jp/

圖 6-2 海上保安廳與海上自衛隊於南海進行聯合訓練

圖片來源：日本海上保安廳提供。

地區海軍、海岸警衛隊和漁業部委，收集、分析海事訊息、環境數據並進行統計，然後向東協—日本外長會議和東亞峰會提出報告。我們需要為 MSISC 建立訊息收集機制，該機制將部署無人機來探測南海的海上騷擾。日本有開設和管理 ReCAAP 訊息共享中心的經驗（圖 6-3）。[52] 日本的反盜版合作技術和軟體可能有助於構建 MSISC

---

research/2017/03/23125618.html (accessed 2022/1/30); "International Symposium Making and Unmaking the World Order: Contextualizing Contemporary Dynamics in the South China Sea," *Yomiuri Shimbun*, February 8, 2018, p. 10.

[52] "ReCAAP: Regional Cooperation Agreement on Combating Piracy and Armed Robberyagainst Ships in Asia," https://www.mofa.go.jp/mofaj/gaiko/kaiyo/kaizoku_gai.html (accessed 2021/10/31).

圖 6-3　亞洲打擊海盜和武裝搶劫船隻區域合作協議資訊分享中心

註：（由左至右）伊藤嘉章事務局長、佐藤考一、松本孝典事務局長補，攝於2008年3月6
日。

及其數據庫。

　　為避免戰爭而豐富海上意外遭遇守則（CUSE）可能也是必要的。[53]
此外，我們將準備與中國進行小型海上接觸。我們將應中國海警船隻
的暴力海上執法和中國海上民兵的海上衝突。四方對話和軍事活動可
能有效支持東南亞的自由國際秩序，而 AUKUS 協議可能會發展針對
中國的核武嚇阻。[54] 如果有效，將是維護南海和平環境的公共財。

---

[53] A senior Western Admiral once told that, "CUES is just a gentlemen's agreement.
INCSEA between the US and Soviet Russia is stricter and more concrete." Author's
interview with a senior Western Admiral on March 31, 2016.

[54] Patrick M. Cronin, op.cit.

|第七章|
動盪海域中的鷹與龍：
美國和中國在南海的爭端

金泰虎*

* 美國俄亥俄州立大學博士。現任韓國國際戰略研究院（KIISS）院長、韓國
海洋戰略研究院（KIMS）資深研究員。曾任韓國國防研究院（KIDA）研
究員、翰林大學副校長、台灣研究所所長、現代中國研究所所長、韓國現
代中國學會會長。

改變是現代時代的潮流，國家間的關係以及國內政治的變化如此快又劇烈，以至於我們長期依賴的傳統分析框架不再具可行性。在許多情況下，從「合作和對抗」的觀點來描述複雜的美中關係並不符合實際情況。2017 年以來，美國對中政策變得比以前更為強硬也更具對抗性，反之亦然。簡而言之，兩大巨頭之間現在正在進行的戰略性競爭最好的解釋是為新冷戰的前兆。

此外，新冠疫情在世界各地的持續流行，對於個人、社會和國際社會的日常生活產生了深刻的影響，這邊就無須細細說明了，而雪上加霜的是，2022 年 2 月底，俄羅斯入侵烏克蘭引發的戰爭是另一場持續性的災難，其產生的影響依舊在全球範圍內迴盪，包括食品、供應鏈、貿易和地緣政治領域，更別說戰爭本身所耗費的人力和物力成本，我們應該在這些背景知識下理解東亞的海上衝突。

這邊有兩點需要特別注意，一個是具有爭議性的命名，每一個主張主權者對有爭議的小島、暗礁和淺灘都有自己命名方式，因此在此篇文章中，大多數情況下使用英文名稱，即使他們偶爾附有中文文字，另一個需要注意的是，由於本文要討論的主題本質上是持續發生的，資訊內容截至 2022 年 4 月，這意味著南海未來的發展可能會與這裡所描述的情況呈現完全不同的面貌。

壹、地區內外的霸權競爭

東亞有四大衝突區域，分別為南海、台灣海峽、尖閣諸島／釣魚

島／釣魚臺列嶼和朝鮮半島。前三個是海上爭端，朝鮮半島主要是陸上爭端。朝鮮半島的情況因爲高度緊張、規模大，而且有可能使用核子武器使得其特別突出，而這與中國的主權無關，其他三個問題大多是多邊的，然而幾乎沒有透過談判解決的可能性。

中國參與了所有事件，因爲它宣稱享有主權和「一個中國」的政策。特別是中國經濟和軍事實力崛起，導致了中國一種接近霸權行爲的獨斷外交政策。[1]成爲霸權，同時要滿足三個條件，一是能力，其中包括經濟、軍事和科技實力；另一個是領導階層使用這新獲得的權力的意願；還有一個是其他國家同意接受這一個新霸權的到來。

在未來十年左右，中國要滿足這三個條件的可能性很小，然而，事實情況更爲複雜。一方面，中國表現得像一個霸權，即使它否認這一點；另一方面，大多數地區國家認爲中國現在有能力也有意願行使其主權；再另一方面，一個被削弱的全球霸主—即美國—它不接受中國對主權的定義、主張以及其伴隨而來的國際秩序。

因此，美中之間從雙邊、多邊到地區性議程的一系列問題上出現競爭關係並不意外。美國希望獲得盟友的支持，如同拜登總統 2022年 5 月對韓國和日本的訪問所表現的那樣。中國對東協成員國的拉攏，尤其對柬埔寨和緬甸是眾所皆知的。就目前而言，雙方經常針對對方發表激烈的言詞，但沒有後續行動，南海就是一個典型的例子。

---

[1]　Andrew Chubb, *Dynamics of Assertiveness in the South China Sea: China, the Philippines, and Vietnam, 1970-2015*, NBR Special Report No. 99 (Seattle, WA: The National Bureau of Asian Research, 2022).

貳、南海爭端

　　如果單看雙方的聲明，很難判斷誰才是正在破壞南海「和平與穩定」的那一方。在美中競爭的背景下，雙方互不信任且忽視對方的立場和主張。是美國 2015 年以來的自由航行行動（Freedom of Navigation Operations, FONOP），還是中國 2021 年 9 月以來的《海上交通安全法》（修訂版）擾亂了這片水域的「和平與穩定」？

　　問題在於中國的主權主張和「軍事化」與美國的拒止戰略之間的正面衝突，中國一直主張「九段線」，並展現出維護「國家主權、安全和地區和平穩定」的意願，為了貫徹其主張，中國已經建造了 7 座人工島嶼，並配備了港口設施和雷達系統，特別是在 3 個珊瑚礁〔渚碧礁（Subi）、永暑礁（Fiery Cross）、美濟礁（Mischief）〕建造飛機跑道。過去幾年，美國政府的一系列報告明確指出，「無害通過」或「航行自由」（FON）在南海正日益受到挑戰，中國反對「軍事化」的指控，並堅持那些設施是作為「和平用途」和「緊急避難所」，為符合作為一個「熱愛和平的國家」，中國於 2018 年 2 月在西沙群島的永興島（Yongxing Islands, the Paracels）蓋了一座小型圖書館。

　　美國長期堅持在國際法允許下在任何地方「飛行、航行和活動」的原則，另一方面，中國表示將維護其核心利益，並「趕走」未經授權的船隻。美國反駁中國的說法「錯誤」，因為 2021 年 7 月的班福特號驅逐艦（DDG 65）或 2021 年 5 月的柯蒂斯·威爾伯號驅逐艦

（DDG 54）都沒有被任何國家趕走，[2] 由於雙方都忽視甚至否定對方的立場，辯論很可能會在未來繼續下去。在不知道進／出日期、作業區域（AO）、船隻數量的情況下，我們只能重複檢查多個公開資訊，如表 7-1 所示。[3]

表 7-1　美國在南海的自由航行行動（2015-2022.1）[4]

日期	船隻	地點
2015.10.27	USS *Lassen* 拉森號	菲律賓和越南宣稱擁有主權的渚碧礁 12 浬範圍內的海域
2016.1.29	USS *Curtis Wilbur* 柯蒂斯．威爾伯號驅逐艦	在西沙群島的中建島 12 浬範圍內
2016.5.10	USS *William P. Lawrence* 威廉．P．羅倫斯號驅逐艦	距離南沙群島的永暑礁 12 浬範圍內
2016.10.21	USS *Decatur* 迪凱特號驅逐艦	在中國「過度」主張的西沙群島兩個陸地間之領海，但不在上述陸地的 12 浬範圍內

2　*USNI News*, July 12, 2021.

3　Chinese sources offer different facts and of course views on the South China Sea in general and U.S. activities in particular. See SCSPI, *An Incomplete Report on US Military Activities in the South China Sea in 2021*, March 2022. The SCSPI stands for South China Sea Strategic Situation Probing Initiative.

4　Collin Koh, comment on "The latest FONOP in the Spratlys by USS John S. McCain marks the 9th so far, and possibly last one, for 2020 - up from 8 last year," *Twitter*, https://twitter.com/CollinSLKoh/status/1341308232233484290/photo/1 (accessed 2021/3/28).

表 7-1　美國在南海的自由航行行動（2015-2022.1）（續）

日期	船隻	地點
2017.5.24	USS *Dewey* 杜威號驅逐艦	南沙群島的美濟礁 6 浬範圍內
2017.7.2	USS *Stethem* 史塔森號導彈驅逐艦	西沙群島的中建島 12 浬範圍內
2017.8.10	USS *John S. McCain* 約翰‧S‧麥凱恩號 驅逐艦	南沙群島的美濟礁 12 浬範圍內
2017.10.10	USS *Chafee* 查菲號驅逐艦	駛入西沙群島的過度直線基線，但不在任何陸地的 12 浬範圍內
2018.1.17	USS *Hopper* 霍珀號驅逐艦	距離民主礁 12 浬範圍內
2018.3.23	USS *Mustin* 馬斯廷號驅逐艦	南沙群島美濟礁 12 浬範圍內
2018.5.27	USS *Higgins* and USS *Antietam* 希金斯號驅逐艦與安提坦號巡洋艦	西沙群島中的東島、趙述島、中建島和永興島 12 浬範圍內
2018.8.31	HMS *Albion* 海神之子號登陸艦	鄰近西沙群島
2018.9.30	USS *Decatur* 迪凱特號驅逐艦	距離南沙群島的南薰礁和赤瓜礁 12 浬範圍內
2018.11.26	USS *Chancellorsville* 切斯勞維爾號巡洋艦	鄰近西沙群島
2019.1.7	USS *McCampbell* 麥克坎貝爾號驅逐艦	西沙群島中的東島、趙述島、中建島和永興島 12 浬範圍內
2019.2.11	USS *Spruance* and USS *Preble* 史普魯恩斯號驅逐艦和普雷貝爾號驅逐艦	南沙群島美濟礁 12 浬範圍內

表 7-1　美國在南海的自由航行行動（2015-2022.1）（續）

日期	船隻	地點
2019.5.6	USS *Chung Hoon* and USS *Preble* 鍾雲號驅逐艦和普雷貝爾號驅逐號	距離南沙群島的南薰礁和赤瓜礁 12 浬範圍內
2019.5.19	USS *Preble* 普雷貝爾號驅逐艦	距離民主礁 12 浬範圍內
2019.8.28	USS *Wayne E. Meyer* 韋恩梅爾號驅逐艦	距離南沙群島的永暑礁與美濟礁 12 浬範圍內
2019.9.13	USS *Wayne E. Meyer* 韋恩梅爾號驅逐艦	位於西沙群島，但確切的特徵／位置不特定。這項任務挑戰了有關各方「單方面對無害通過的任何授權或通知要求」，以及北京 1996 年宣稱擁有包含島嶼的直線基線
2019.11.20	USS *Gabrielle Giffords* 吉福茲號瀕海戰鬥艦	美濟礁 12 浬範圍內
2019.11.21	USS *Wayne E. Meyer* 韋恩梅爾號驅逐艦	挑戰西沙群島無害通過的限制
2020.1.25	USS *Montgomery* 蒙哥馬利號驅逐艦	挑戰中國、越南和台灣在南沙群島鄰近永暑礁與赤瓜礁的無害通過限制
2020.3.10	USS *McCampbell* 麥克坎貝爾號驅逐艦	挑戰西沙群島的越權主張
2020.4.28	USS *Barry* 貝瑞號驅逐艦	挑戰西沙群島的越權主張
2020.4.29	USS *Bunker Hill* 碉堡山號航空母艦	南沙群島南薰礁 12 浬範圍內
2020.5.28	USS *Mustin* 馬斯廷號驅逐艦	西沙群島的永興島與高尖石 12 浬範圍內

表 7-1 美國在南海的自由航行行動（2015-2022.1）（續）

日期	船隻	地點
2020.7.14	USS *Ralph Johnson* 強森號驅逐艦	南沙群島華陽礁和永暑礁 12 浬範圍內
2020.8.27	USS *Mustin* 馬斯廷號驅逐艦	鄰近西沙群島
2020.10.9	USS *John S. McCain* 約翰‧S‧麥凱恩號驅逐艦	鄰近西沙群島，中國人民解放軍聲稱該驅逐艦駛入西沙群島的「領海」
2020.12.22	USS *John S. McCain* 約翰‧S‧麥凱恩號驅逐艦	鄰近南沙群島
2021.1.23	USS *Theodore Roosevelt* 西奧多‧羅斯福號航空母艦 [5]	地點不明／同日，台灣報導指出一架中國轟炸機和戰鬥機進入其鄰近東沙群島的防空識別區 [6]
2021.2.5	USS *John S. McCain* 約翰‧S‧麥凱恩號驅逐艦	鄰近西沙群島 [7]
2021.2.16	USS *Russell* 拉塞爾號驅逐艦	位於南沙群島 [8]

[5] United States Navy, "Theodore Roosevelt Carrier Strike Group Enters South China Sea," *United States Navy*, https://www.navy.mil/Press-Office/News-Stories/Article/2480963/theodore-roosevelt-carrier-strike-group-enters-south-china-sea/.

[6] Mallory Shelbourne, "Chinese Foreign Ministry: U.S. South China Sea Movements Do 'No Good' for Region," *USNI News*, https://news.usni.org/2021/01/25/chinese-foreign-ministry-u-s-south-china-sea-movements-do-no-good-for-region.

[7] United States Navy, "7th Fleet Destroyer Conducts Freedom of Navigation Operation in South China Sea," *United States Navy*, https://www.navy.mil/Press-Office/News-Stories/Article/2494347/7th-fleet-destroyer-conducts-freedom-of-navigation-operation-in-south-china-sea/.

[8] United States Navy, "7th Fleet Destroyer Conducts Freedom of Navigation

表 7-1　美國在南海的自由航行行動（2015-2022.1）（續）

日期	船隻	地點
2021.4.4	USS *Theodore Roosevelt* 西奧多·羅斯福號航空母艦 [9]	地點不明
2021.5.20	USS *Curtis Wilbur* 柯蒂斯·威爾伯號驅逐艦	鄰近西沙群島
2021.6.15	USS *Ronald Reagan* 隆納·雷根號航空母艦	地點不明
2021.7.12	USS *Benfold* 班福特號驅逐艦	鄰近西沙群島
2021.9.8	USS *Benfold* 班福特號驅逐艦	南沙群島美濟礁 12 浬範圍內
2022.1.20	USS *Benfold* 班福特號驅逐艦	鄰近西沙群島

註：This table only includes reported FONOPs, bearing in mind there could be other such missions being conducted but not reported.

　　如表 7-1 所示，美國自由航行行動（FONOP）始於 2015 年，並從 2016 年的三個行動增加到 2020 年的九個，再到 2021 年的八個。

Operation in South China Sea," *United States Navy*, https://www.navy.mil/Press-Office/News-Stories/Article/2505124/7th-fleet-destroyer-conducts-freedom-of-navigation-operation-in-south-china-sea/.

9　United States Navy, "Theodore Roosevelt Carrier Strike Group Returns to South China Sea," *United States Navy*, https://www.navy.mil/Press-Office/News-Stories/Article/2561929/theodore-roosevelt-carrier-strike-group-returns-to-south-china-sea/.

別的先不提，它的目的是爲了否認中國對其人工島嶼的主權權利，如同常設仲裁法院於 2016 年的裁決，這些島嶼並沒有得到國際法的承認。而不僅自由航行行動次數增加，他們否認、忽視對方立場的整體情況也都在提升。從海南島到西沙群島的永興島距離 334 公里，這意味著戰鬥機可以被使用，同一點到位於南沙群島以南 1,800 公里的詹姆斯淺灘〔James Shoal；曾母暗沙（Zengmu Ansha）〕，這個距離就超出了戰鬥機的作戰範圍。空中加油是一種選擇，使用航空母艦是另一個選擇，還有一個是利用中國管轄的 7 個人工島，特別是渚碧礁、永暑礁、美濟礁皆已有飛機跑道，因此，中國試圖延長這些跑道，使其更加完備一點都不意外，如果到了緊要關頭，美國可能會認定他們都是空襲的既定目標。

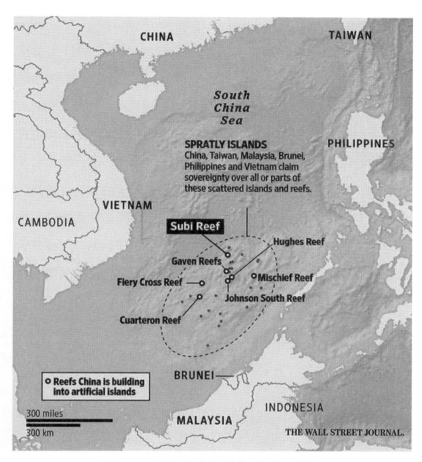

圖 7-1　中國在南海的七大人工島嶼

參、與其他海洋爭端的關聯

　　不言而喻，欲瞭解海洋爭端領域之間的關聯，要將其置於更大的背景下，台灣海峽顯得格外引人注目，該海峽位於通往南海的路途上，已成為日益頻繁的外交和軍事活動的中心，其中，特別

為人所知的是解放軍（PLA）進入台灣的防空識別區（Air Defense Identification Zone, ADIZ），2020 年內發生 380 次，2021 年更高達 940 次。在短短四天內，也就是 2021 年 10 月 1 日至 4 日，中國國慶假期期間，解放軍飛機出動了 149 次，這大概是和平時期前所未有的情況，考量到地勤人員、油料和軍事突襲出動的成本，更不用說意外武裝衝突的可能性，這很難說是「熱愛和平的國家」的行為。

中國在東海和尖閣諸島／釣魚島／釣魚臺列嶼的目的是使其成為一個「國際爭端地區」。因此，中國不承認日本對這些島嶼的有效控制，並堅持主張對這些島嶼的主權，除了日復一日的嚇阻措施外，日本政府在 2020 年 8 月與美國一起指責任何改變東海和南海現狀的作為，並同意加強與美國的雙邊合作。

由於朝鮮半島的地理格局，東西海分開來分析會比較好。西海（黃海）是一個淺水區，因中國船隻長年非法捕魚而聞名，雖然朝鮮和中國之間沒有劃定海上邊界，不過中國堅持且計畫在 124 度以東開展活動，因它離朝鮮半島太近而埋下一個爭端的種子。另一邊，也就是東海，包括水面戰鬥人員、潛艇和飛機在內等多邊軍事演習已相當成熟，這片水域還包括朝鮮防空識別區，而其日漸成為空中入侵的地點，例如，在 2019 年 7 月 23 日，中俄聯合演習期間，一架俄羅斯 A-50 侵入韓方領空（ROK），這是有史以來第一次外國軍事計畫如這般侵入該區域領空。

肆、結論和展望

毫無疑問，中國致力於使南海軍事化之目的旨在美國自由航行行動下鞏固其主張，這意味著中國和美國雙方繼續維持目前的行動方針。只要中國和美國陷入戰略競爭，透過談判解決南海爭端的可能性便依舊遙遙無期。

此外，有必要瞭解南海、台灣海峽、東海和朝鮮半島等海洋爭端地區之間的關聯性，儘管背景、行為者和情景不盡相同，但它們都涉及主權和領土的主張，如上所述，南海在這一點上很突出。總而言之，外交的解決方案很難有所突破，軍事的選項更為困難。

|第八章|
延伸嚇阻機制與中國對台動武情境分析

李哲全*

---

* 美國南卡羅萊納大學博士。現任國防安全研究院副研究員。曾任國家安全會議研究員、大陸委員會研究員、外交部專員。研究領域為美中台關係、兩岸關係、東亞區域安全問題等。

壹、前言

台灣海峽的和平穩定，一直是研究國際關係、地緣戰略，或關切全球風險者長期關注的議題。近年對這個議題公開表達關注的國家，已從美、中、台，擴大到日本、澳洲、歐盟、G7 及北約國家。對於兩岸可能出現的武裝衝突情境的探討，也再度成為戰略與軍事領域的熱門研究議題。這些現象的背後顯示，中國犯台已成為各方高度關切的嚴肅議題。

本文將簡要回顧已在台海存在數十年的「延伸嚇阻」（extended deterrence）[1]機制，檢視嚇阻天平兩端的能力與決心的平衡是否已出現傾斜，甚至可能導致北京當局誤判或過度自信的趨勢與徵候？若對台動武已成為北京可能的選項，則其發動攻勢的可能時機為何？在對台訴諸武力之前，習近平與解放軍可能對台灣採取哪些恫嚇、威脅的手段？為完成其「祖國統一大業」，中國可能對台灣採取的軍事衝突情境有哪些？這些議題對於兩岸和平穩定的維持，與美中台三方都具有重要的戰略與安全意涵。

貳、台海的「延伸嚇阻」機制

與中國對台動武與否密切相關的，是以美國為核心，針對中國可能犯台所建構的「延伸嚇阻」機制。自 1979 年美國與中華人民

---

[1] 延伸嚇阻，指嚇阻方勸阻標的國發動對第三方的攻擊。例如美國意圖嚇阻中國對台發動武力攻擊。

共和國建交以來，華府一貫遵守其「一個中國政策」（One-China Policy），並呼籲兩岸爭端和平解決。有關台灣安全問題，美國在《台灣關係法》中，敘明與中國建交「是基於台灣前途將以和平方式決定這一期望」；「任何企圖以非和平方式決定台灣前途之舉……，將被視為對西太平洋地區和平及穩定的威脅，而為美國所嚴重關切」，美國將「提供防衛性武器給台灣人民」，使台灣「維持足夠的自衛能力」；華府也將「維持美國的能力，以抵抗任何訴諸武力或使用其他方式高壓手段，而危及台灣人民安全及社會經濟制度的行動」。[2] 但是，如果北京以武力進犯台灣，美國是否會介入支援甚至協助台灣防衛，在美國官方文件均無明確交代。

冷戰期間，美國以其強大的軍力及綜合國力，透過集體安全的形式，協助北約（NATO）盟國遏止蘇聯入侵，[3] 這是典型的「延伸嚇阻」範例。美國與日本、韓國、澳洲、菲律賓、泰國也簽有共同防禦條約，明文規範將相互協助共同抵禦外來武裝攻擊。中華民國與美國之間原本也訂有《中華民國與美利堅合眾國間共同防禦條約》（*Mutual Defense Treaty between the United States of America and the Republic of China*），但在兩國斷交之後，共同防禦條約廢止，美國改以《台灣

---

[2]　*Taiwan Relations Act*, Public Law 96-8, Congress.gov, April 10, 1979.

[3]　《北大西洋公約》第 5 條載明：「各締約國同意對於歐洲或北美之一個或數個締約國之武裝攻擊，應視為對締約國全體之攻擊……締約國同意若此種武裝攻擊發生，每一締約國……應單獨並會同其他締約國採取視為必要之行動，包括武力之使用，協助被攻擊之一國或數國以恢復並維持北大西洋區域之安全。」

關係法》延續其對台安全承諾，就出現相當的模糊空間。[4]長期以來，美國政府對於台灣海峽一旦出現重大危機或武裝衝突時，是否將以行動介入甚至協防台灣，始終採取既不公開承諾，也不公開否認的模糊態度，這就是美國在台海的「戰略模糊」策略。

一、美國在台海的「雙重嚇阻」

美國在台海兩岸間設置的是一套「雙重嚇阻」機制。對於台灣，美國強調兩岸分歧必須和平解決，美國嚴重關切對台灣和平穩定的威脅，並將提供防衛性武器協助台灣自我防衛。但在1982年的《八一七公報》中，美國卻宣示要在質與量上，逐漸減少對台灣的武器銷售，直到此一問題獲得「根本解決」。[5]對於中國，如果北京以武力進犯台灣，美國除了「維持美國的能力」並表示「嚴重關切」之外，並沒有做出其他具體承諾。這樣的安全承諾雖然模糊、有限，但美國也沒有

4　美國「戰略模糊」的主張由來已久。1954年第一次台海危機期間，美國艾森豪（Dwight D. Eisenhower）政府即面臨此一困難。艾森豪總統與國務卿杜勒斯（John Foster Dulles）認為，若明確承諾防衛金馬外島，恐使蔣介石總統有所憑恃，而升高攻擊中國的可能性；若明確表明不防衛金馬外島，則無異告知北京攻擊外島時，不必擔心美國的干預。因此，美國駐中華民國大使藍欽（Karl L. Rankin）向國務院建議，對於金馬外島既不公開承諾防衛，也不公開表明放棄，藉由這種不確定性讓中國猜測，達到嚇阻之目的。請見 Dwight D. Eisenhower, *The White House Years: Mandate for Change, 1953-1956* (New York: Doubleday, 1963), pp. 463-464; Karl L. Rankin, *China Assignment* (Seattle: University of Washington, 1964), pp. 208-209；林正義，〈「戰略模糊」、「戰略明確」或「雙重明確」：美國預防臺海危機的政策辯論〉，《遠景基金會季刊》，第8卷第1期（2007年），頁4-5。

5　《八一七公報》並未解釋何為「根本解決」。*United States-China Joint Communique on United States Arms Sales to Taiwan*, August 17, 1982, Ronald Reagan Presidential Library and Museum.

宣布放棄防衛台灣。

　　對於「戰略模糊」策略，美國前國務卿貝克（James A. Baker III）在 1996 年台海飛彈危機後，做了一個非常坦率的說明。他認為，美國對中國與台灣的「戰略模糊」政策，是避免區域武裝衝突的最佳方式。「如果我們說，無論如何都要防衛台灣，台灣就會宣布獨立，而中國就會採取行動；若說我們不會（防衛台灣），中國也會採取行動。因此，我們不應該說在何種情況下我們會協助台灣到什麼程度，但我們必須清楚表明任何武力的使用，均為美國所嚴重關切」。[6]由於「戰略模糊」一方面藉由不清楚表明是否協防台灣，以遏制台灣追求獨立；另一方面也藉由不表示不會防衛台灣，以遏制中國對台採取武力行動。美國學者李侃如（Kenneth G. Lieberthal）便稱之為「雙重嚇阻」。[7]

　　這些看似相互矛盾曖昧不明的設計，其目的固然是讓美國可以在維護或管控台海安全上，保留較大的彈性與迴旋空間，但它也可能使北京方面對美國介入台海武裝衝突的決心產生懷疑，進而提升解放軍在台海進行試探或採取冒進行動的可能性。例如，美國學者高龍江（John Garver）與美國國家安全會議官員蘇葆立（Robert L. Suettinger）就認為，1996 年台海危機事實上是「戰略模糊」政策的

---

[6]　Anita Jain, "Baker: Ambiguity is Best U.S. Policy," *UPI*, April 16, 1996, https://reurl.cc/nEgYne.

[7]　Kenneth G. Lieberthal, "Preventing a War Over Taiwan," *Foreign Affairs*, Vol. 84, No. 2 (March/April 2005), pp. 53-55.

失敗。[8]

　　習近平上任不久，解放軍開始進行的遠海長航、軍機繞台、在台海周邊進行實戰化演訓，都向世界各國展現解放軍擴張的野心及對台灣日益上升的軍事威脅。這些趨勢不但引發華府智庫與政策圈關於美國對中政策的激烈論戰，也導致幾輪有關美國應該在兩岸出現武裝衝突時，應該維持「戰略模糊」政策或轉向「戰略清晰」（或稱「戰略明確」）政策的辯論。2019 年後，解放軍軍機侵擾台灣防空識別區（Air Defense Identification Zone, ADIZ）西南角的「新常態」（new normal），更讓美國內部主張轉向「戰略清晰」的呼聲有升高的跡象。

　　從當前情勢可以發現，美國在台海設置的「雙重嚇阻」機制已面臨相當的挑戰。但因應之道並非進行「戰略模糊」或「戰略清晰」的調整，就可輕鬆解決。問題的關鍵是這套嚇阻機制，對於遏制北京當局武力犯台的有效性恐怕已經鬆動。

二、嚇阻理論及有效嚇阻的要件

　　嚇阻（deterrence）是一種意在維持現狀（status quo）的防衛性作為，其目的在讓對手不採取某些侵略性作為，以避免對己方造

---

[8]　高龍江指出，在 1996 年台海危機前，中國內部軍文官員都認為，美國擔心介入台海危機將導致美軍犧牲且民意不會支持，因此美國將不會以武力直接介入，而會採取外交方式解決台海危機。美國國安會官員蘇葆立也認為，雖然美國國家安全顧問奈伊（Joseph Nye）表示中國使用武力是很嚴重的錯誤，但北京當局可能將美國的台海平衡政策，誤認為是軟弱或猶豫未決的訊號。這些因為「戰略模糊」導致的誤判，可說是 1996 年台海危機的重要原因。John W. Garver, *Face Off: China, the United States, and Taiwan's Democratization* (Seattle: University of Washington Press, 1997), p. 112.

成危害。嚇阻可定義爲一國（防衛方）勸阻（discouraging）或抑制（restraining）另一國（潛在侵略方）採取前者所不欲的行爲，例如發動武裝攻擊。[9] 其核心概念是藉由威脅對方的潛在成功或其他利益，進而影響其風險與代價的計算，使對方不採取防衛方所不欲的作爲，達成防衛方的勸阻目的。

因此，嚇阻的建立是基於「防衛方有能力否決對手的近期目標（immediate objectives）」或「威脅將在更大的戰役中施加強力懲罰」。[10] 但是，嚇阻絕對不僅僅是威脅潛在對手就可奏效。嚇阻要產生效果，除了防衛方具備可信的行動或懲戒能力之外，還必須能對潛在侵略方的認知（perception）造成影響。也就是說，嚇阻的成功必須對潛在侵略方進行微妙的認知形塑（shaping of perception），使其認爲侵略或戰爭以外的選項更具有吸引力。這就需要防衛方透過有效的溝通，將其意旨、能力與決心傳達給潛在侵略方。

綜合各家觀點，有效的嚇阻必須具備三大要件：[11]

9　探討嚇阻的經典文獻頗多。例如，Alexander L. George and Richard Smoke, *Deterrence in American Foreign Policy: Theory and Practice* (New York: Columbia University Press, 1974); André Beaufre, *Deterrence and Strategy* (New York: Praeger, 1965); Thomas Schelling, *The Strategy of Conflict* (Cambridge, Mass.: Harvard University Press, 1980); Thomas Schelling, *Arms and Influence* (New Haven, Conn.: Yale University Press, 2008).

10　Paul Huth and Bruce Russett, "Deterrence Failure and Crisis Escalation," *International Studies Quarterly*, Vol. 32, No. 1 (March 1988), p. 30.

11　James M. Acton, "Extended Deterrence and Communicating Resolve," *Strategic Insights*, Vol. 8, Issue 5 (December 2009); Robert Jervis, "Deterrence and Perception," *International Security*, Vol. 7, No. 3 (Winter 1983), pp. 3-30; Robert P. Haffa Jr., "The Future of Conventional Deterrence: Strategies for Great Power

（一）**能力**：防衛方必須具備足夠的能力，可採取行動阻止潛在侵略方採取防衛方不樂見的軍事行動，或在侵略方採取行動後，施加強大的懲罰或以行動否決掉對手的目標。因此，要嚇阻中國對台動武，美國與台灣必須具備足夠的軍事能力，才有可能阻止或擊退中國的軍事冒進行動。

（二）**決心**：防衛方（美國與台灣）必須在武裝衝突出現的時候，有意願與決心採取行動。防衛方必須兼具能力與決心，才可能構成具有可信度（credibility）的嚇阻。

（三）**溝通**：透過有效的溝通，可將防衛方（美國與台灣）的能力與決心精準傳達，讓潛在侵略方（中國）清楚正確接收。

此處必須強調，嚇阻也是一個持續進行的動態。要維持嚇阻的效度，防衛方（實施嚇阻者，如美國）必須持續採取作為強化自身實力，特別是軍力，以提高或至少維持潛在侵略方採取攻擊行動的成本與風險，並須持續重申嚇阻決心，以確保潛在侵略方清楚認知防衛方的能力與決心。

兩岸之間的嚇阻，是在美國強大軍力支持下，針對中國可能武力犯台的「延伸嚇阻」的動態建構。在北京的軍力完全無法與美國匹敵的 1980 年至 1996 年間，中國對台發動武力攻擊的可能性極低，這個嚇阻機制看似相當靜態也相當有效。但在解放軍發展「反介入與區域拒止」（Anti-Access/Area-Denial, A2/AD）能力，並持續進行「軍事

Competition," *Strategic Studies Quarterly*, Vol. 12, No. 4 (Winter 2018), pp. 94-115.

事務革新」（revolution in military affairs）二十多年後，已經相當程度改變了嚇阻天平兩端的平衡。愈來愈多美國學者、官員與將領公開表示，解放軍的反介入能力已有相當進展，美、中兩軍軍力差距縮小，這套機制對於解放軍的嚇阻效度顯然已經降低。

三、反介入與區域拒止：北京的反嚇阻策略

　　既然有嚇阻策略，被嚇阻的一方自然也會試圖採取反嚇阻作為。1997 年美國國防部公布的《四年期國防總檢討》（*Quadrennial Defense Review*）首次出現「反介入」概念。該報告指出，敵人可能運用不對稱手段延遲或阻絕美軍的介入，或擾亂美軍的指揮、管制、通訊與情報網絡，例如以彈道或巡弋飛彈攻擊美軍的機場港口。[12] 中國「反介入」戰略的主要考量是台海若發生緊張情勢，中國必須面臨第三國介入的可能性。其運用時機可在平時、危機與戰時，其目的則在嚇阻、預防、削弱、襲擾、延遲、複雜化美國在戰區（theater）進行動員、部署、進入與建立作戰武力。[13]

　　2007 年 3 月，美國智庫蘭德公司發表的《深入龍潭：中國反介入戰略及其對美國的意涵》報告，是第一本全面探討中國「反介入」戰略的專著。該報告指出，美軍雖然具有傳統軍力上的絕對優勢，但

---

[12] *Quadrennial Defense Review Report 1997*, Washington, D.C.: U.S. Department of Defense, p. 4.

[13] 蔡明彥，〈美國東亞軍事優勢地位的挑戰：中國「反介入」與美國「反反介入」的角力〉，《全球政治評論》，第 21 期（2008 年 1 月），頁 68；Eric V. Larson, *Assuring Access in Key Strategic Regions* (Santa Monica, CA: RAND, 2004), p. 8.

解放軍在可能發生的台海衝突中，將試圖藉由「反介入」戰略取得有利態勢。[14] 美國國防部《2008 年中國軍力報告》則指出，中國「反介入與區域拒止」戰略已然成形，並且正在優先發展可以嚇阻或反制第三方介入的手段，包括發展各種武力與作戰概念，以嚇阻或阻絕敵軍進入作戰區域（反介入），並在一定期間內阻絕敵人在作戰區域的行動自由（區域拒止）。[15]

目前解放軍的「反介入與區域拒止」能力已有長足進展。2021年 11 月，美國國防部公布的《2021 年中國軍力報告》指出，「解放軍已具備長程打擊能力、防空與飛彈防禦、反艦艇與反潛艦能力，及資訊、網路、太空及反太空作戰等『反介入與區域拒止』能力」，這些能力有助中國勸阻、遏制，甚至擊敗在對台大規模作戰中介入的第三方。報告並稱，「解放軍的反介入與區域拒止能力在第一島鏈內最為強大，並已朝第二島鏈甚至太平洋及全球發展」。[16]

兩週後，美中經濟暨安全審議委員會（US-China Economic and Security Review Commission, USCC）的 2021 年年度報告更進一步指出，解放軍已經具備海空封鎖、網路攻擊與飛彈襲台的能力，「其軍

---

[14] Roger Cliff, Mark Burles, Michael S. Chase, Derek Eaton and Kevin L. Pollpeter, *Entering the Dragon's Lair: Chinese Anti-Access Strategies and Their Implications for the United States* (Santa Monica, CA: RAND, 2007).

[15] *Military Power of the People's Republic of China 2008* (Washington, D.C.: Office of the Secretary of Defense, 2008), pp. 26-27.

[16] "Military and Security Developments Involving the People's Republic of China 2021," *Annual Report to Congress, U.S. Department of Defense*, November 2021, p. 77, https://reurl.cc/nEGbg1.

力的提升已經根本上改變戰略環境，並使兩岸嚇阻進入危險不確定的時期」，「解放軍將領可能認為他們已具備，或將很快具備進行高風險犯台行動的初始能力」。[17]

四、能力與決心的雙重衰退？

近年美中軍事相對實力的差距縮小，是不爭的事實。根據軍事網站「全球火力」（Global Firepower, GFP）公布的「2022 年軍力排名」，在納入統計的 142 個國家中，全球軍力最為強大的前三名分別是美國、俄羅斯、中國。[18] 值得注意的是，中國的軍艦數量已成為世界第一。2021 年底，美國國防部的《2021 年中國軍力報告》也指出，中國加快核武擴張步調，到 2027 年，解放軍擁有的可投送核彈頭可能多達 700 枚，到 2030 年可能達到 1,000 枚。[19] 在科技方面，哈佛大學的研究也指出，中國在人工智慧（AI）、量子科技、5G 通訊標準、生物技術、綠色能源等領域，有些已經躍居首位，有些則在將來可能成為世界的領導者。[20]

---

[17] "2021 Report to Congress," *US-China Economic and Security Review Commission*, November 2021, p. 387, https://reurl.cc/oeGk6q.

[18] 「全球火力」網站綜合考慮人口、陸、海、空戰力、資源、國防預算等 50 項因素計算後，得出其軍力指數（Power Index）。排名第一的美國軍力指數是 0.0453（數值愈低，軍力愈強大完美）。以 6,000 億軍費預算、1.45 億可動員兵力、140 萬名現役軍人、10 艘航母、9 艘兩棲攻擊艦、415 艘軍艦、5,884 輛坦克、13,762 架飛機軍力排名世界第一。排名第三的中國軍力指數是 0.0511。擁有 1 艘航母、714 艘軍艦、2,955 架飛機、6,457 輛坦克，擁有 233.5 萬現役軍人，相當於美軍和俄軍的總和，並有 5 億可動員兵力。

[19] "Military and Security Developments Involving the People's Republic of China 2021," *U.S. Department of Defense*, November 2021, p. 90, https://reurl.cc/nEGbg1.

[20] Graham Allison, Kevin Klyman, Karina Barbesino and Hugo Yen, "The Great Tech

表 8-1　美國、中國、台灣軍力對照簡表

	美國	中國	台灣
軍力指數	0.0453 (1/142)	0.0511 (3/142)	0.3215 (21/142)
國防預算	7,700 億美元 (1/142)	2,502.4 億美元 (2/142)	168 億美元 (17/142)
現役兵力	139 萬 (3/142)	200 萬 (1/142)	17 萬 (30/142)
軍機總數	13,247 (1/142)	3,285 (3/142)	741 (14/142)
戰鬥機	1,957 (1/142)	1,200 (2/142)	288 (8/142)
艦艇總數	484 (3/142)	777 (1/142)	117 (29/142)
航空母艦	11 (1/142)	2 (2/142)	0 (102/142)
潛艦	68 (3/142)	79 (1/142)	4 (32/142)
驅逐艦	92 (1/142)	41 (2/142)	4 (11/142)
坦克	6,612 (2/142)	5,250 (4/142)	1,110 (20/142)
自走砲	1,498 (4/142)	4,120 (2/142)	257 (21/142)
核彈頭	5,550	350	0

資料來源：筆者依Global Firepower, ICAN資訊製作。
註：括號內為排名。

　　隨著中國反介入能力在第一島鏈已具備相當優勢，及美中軍力差距縮小，美國介入台海軍事衝突的風險與成本也相應升高。這些發展是否將影響美國協防台灣的決心？由於拜登政府仍然維持「戰略模糊」策略而不明確表態，我們並沒有簡單明確的答案。但若以民調為間接觀察指標，則可發現以下一正一反的兩個不同現象。

　　美國「芝加哥全球事務委員會」（Chicago Council on Global

Rivalry: China vs the U.S.," *Harvard University*, December 2021, https://reurl.cc/zMdMLa.

Affairs）長期追蹤美國民眾對於兩岸衝突的意向。根據其歷年民調可發現，過去十年來，支持美軍協防台灣的民意呈現逐年上升的趨勢。其比例從 2014 年的 26% 成長到 2020 年的 41% 及 2021 年的 52%。尤其 2021 年的民調是在美國自阿富汗撤軍後執行，但結果顯示首度有過半美國民眾支持美軍協防台灣，這也是該單位自 1982 年執行這項民調以來的最高點。[21] 這個結果反映了美國民眾對台灣的重視與支持程度持續上升的長期趨勢。

但另一方面，近期台灣各單位的民調卻顯示，台灣民眾相信美國在中國犯台時會協防台灣的比例，出現明顯的下降。例如台灣民意基金會 2022 年 3 月 22 日公布的民調顯示，俄羅斯與烏克蘭開戰後，相信美國在中國入侵台灣時將出兵馳援的比例，從半年前的 65% 驟降到 34.5%，降幅高達 30.5%；不認為美國會出兵協防台灣的，則高達 55.9%。[22] 一週之前，台灣國際戰略學會及台灣國際研究學會共同執行的民調也顯示，有 42.7% 台灣民眾認為兩岸發生戰爭時美國「會出兵協助」，有 47.3% 認為不會，顯示民眾對美國出兵協助的看法分歧。但該學會 2020 年 10 月發表的台海安全民調，則有 55.1% 的人認為美國會出兵協助台灣。這次民調結果比上次減少 12.4%，顯示民眾對

21　Dina Smeltz and Craig Kafura, "For First Time, Half of Americans Favor Defending Taiwan If China Invades," *Chicago Council on Global Affairs*, August 2021, https://reurl.cc/zMdMd7.

22　陳煜，〈台灣民意基金會民調》對美信心崩盤？相信「日本出兵保台」竟高於美國〉，《風傳媒》，2022 年 3 月 22 日，https://reurl.cc/RjZj5G。

於美國派兵援台的信心有所減退。[23]

　　民眾看法只是間接的觀察指標。但不容否認，美國政府是否對海外情勢採取軍事行動，民意的向背是重要的決策參考因素。台灣民眾的看法，則可能是受到近期拜登政府的政策作為，包括自阿富汗撤軍、未派兵協助防衛烏克蘭等事件的影響。民眾看法當然不能等同於美國政府的意向，但美國政府的作為，為台海兩岸高度關注。若愈來愈多台灣民眾認為美國可能不會派兵介入兩岸衝突，中國民眾與中南海也有可能得出類似的判斷。

參、中國武力犯台的假設

　　要討論中國武力犯台的可能性與可能情境之前，應先進行基本的假設，才能使討論與分析有一致的邏輯與對話基礎。本文依據理性抉擇（rational choice）理論，列出三個基本假設，並以之為基礎，推論中國可能犯台的時機。

一、中國犯台的基本假設

　　（一）以習近平為首的中國最高決策者是理性行為者（rational actors）。嚇阻理論的大量論述，是建立在理性抉擇理論之上。因此，本文假設以習近平為首的中國領導階層是理性行為者。即使當前

---

23 蔡佩珈，〈台海安全民調被俄烏戰爭嚇到？台灣人對美軍協防信心 2 年降 7 個百分點〉，《風傳媒》，2022 年 3 月 16 日，https://reurl.cc/veZeLl。

中國綜合國力比過去強大得多，即使中國內部可能有「韜光養晦」或
「有所作爲」的政策路線之爭，但相關的思考、論辯與決策，仍是基
於理性而爲之。

（二）對北京而言，對台動武或「武力統一」（Armed Re-
unification）是成本與預期效益（expected utility）的理性計算，北京也
會衡量對台動武的相關風險。[24] 對於中國領導階層而言，如果能以和
平方式達成兩岸統一固然很好，但他們也不敢排除以武力達成中國統
一的可能性。因此，決策者必然要評估如何以武力成功奪取台灣？各
種軍事作爲可能必須付出哪些代價（成本）？可能獲致哪些局部或終
極（奪控台灣的）效益？武力犯台可能涉及哪些風險？除了美日與西
方國家可能的介入或譴責制裁外，有無來自中國內部或周邊國家的風
險？除了軍事風險之外，政治、經濟、社會面的風險，也必須納入考
量。

（三）若軍事行動失敗，對中國領導階層、中國國力與威望將造
成巨大衝擊，並使台灣強化戰鬥整備，使「國家統一」變得更爲困
難。正如《孫子兵法》所言，「兵者，國之大事」，「善戰者，立於
不敗之地，而不失敵之敗也」。在對台採取武力行動之前，北京領導
階層必然要事先評估犯台行動一旦失敗可能帶來的災難性後果，並試
圖避免或杜絕各種可能造成軍事行動失敗的變數。

---

24 此處預期效益指中國發動對台軍事行動可得到的報酬與行動成功的機率二者
的乘積。

二、中國犯台的可能時機

基於以上假設，我們可以進一步推論北京對台動武的可能時機有二：

（一）**武力犯台的時機包括**：評估勝利的可能性上升、軍事行動的代價或成本降低、美國介入與其他內外部風險降低時。勝率愈高、代價愈低、風險愈低時，則中國對台動武的可能性愈高。當中國軍力變得愈強大，與美軍實力差距愈接近，甚至超過美國時，其對台動武的獲勝機率愈高，則對台動武的可能性也將升高。當閃電戰或外科手術式的精準打擊成為可行時，則衝突成本降低，對台動武的可能性升高。中國愈認為美國沒有意願介入兩岸軍事衝突時，則其評估的動武風險將愈低，對台動武的可能性就愈高。[25]

（二）**單純理性以外的情況**：即使中南海決策者仍然維持理性，但在內外部客觀情勢改變下，可能讓他們願意承擔更大風險（risk seeking），即使不具備前項相關條件，也要對台灣發動武力攻勢。歷來中國方面提到的相關可能情境頗多，中華民國國防部近年的《110 年中共軍力報告書》及美國的《2021 年中國軍力報告》中，均有彙整呈現。[26] 此外，若中共內部情勢嚴重惡化、黨內鬥爭激烈，使

---

[25] 此處的風險是可能性（probability）與動武後果（consequence）的乘積。當北京認為美國介入台海衝突的可能性極低時，其風險評估值也將大幅降低。

[26] 《110 年中共軍力報告書》指出，中國七大犯台「時機」包括：台灣正式宣布獨立、明確朝向獨立發展、內部動盪不安、獲得核子武器、兩岸和平統一對話延遲、外國勢力介入台灣內部事務、外國兵力進駐台灣，呂昭隆、趙婉淳，〈110 年中共軍力報告書出爐藍委籲應看清現實局勢中共犯台 7 時機國

決策者認為對台動武是轉移內部壓力、凝聚國內支持的最佳手段時，也是海峽可能出現戰事的時機。

三、即將到來的兩岸軍事衝突？

如同前面已經指出，近年解放軍的反介入能力有相當進展，美、中兩軍實力差距日益縮小，美國對中國的嚇阻效度已逐漸降低。加上習近平領導下的中國與解放軍愈趨強勢，對台灣的統戰施壓、網路攻擊，以及在台海周邊，特別是台灣西南防空識別區的襲擾已達「常態化」地步，台灣海峽的和平穩定已成為世界各國共同關切的議題，並出現解放軍可能對台動武的各種預判。

2021 年 3 月，即將卸任的美國印太司令部司令戴維森（Philip Davidson）在聯邦參議院軍事委員會聽證會警告，中國正加速推動取代美國全球領導地位的野心，他認為中國（對台灣的）威脅「在這 10 年內，事實上在未來 6 年內，就會很明顯」。[27] 美國國防部的《2021 年中國軍力報告》也指出，2027 年中國將具備可信（credible）的軍事能力在印太地區與美軍抗衡，並脅迫台灣接受北京的條件進行談

防部老生常談〉，《中國時報》，2021 年 9 月 1 日，https://reurl.cc/Mbelpv。美國的《2021 年中國軍力報告》則指出，中國歷來曾經表示可能對台動武的情境包括：台灣正式宣告獨立、實質朝向台獨發展、台灣內部發生動亂、台灣取得核子武器、無限期延遲兩岸和平統一對話、外國軍力介入台灣內部事務等六項，請見 "Military and Security Developments Involving the People's Republic of China 2021," *U.S. Department of Defense*, November 2021, pp. 115-116, https://reurl.cc/nEGbg1.

[27] Mallory Shelbourne, "Davidson: China Could Try to Take Control of Taiwan in 'Next Six Years'," *USNI News*, March 9, 2021, https://reurl.cc/Ep0QMR.

判。[28] 2021 年 10 月，中華民國國防部對立法院提交的報告研判，在 2025 年後，中國反介入與區域拒止及封鎖控制台海周邊的能力將日趨完備，尤其 075 型兩棲攻擊艦陸續成軍，三棲快速多點犯台能力驟增，將對台灣防衛作戰形成重大挑戰。邱國正部長也強調，當前兩岸情勢是 40 年來最嚴峻時刻。中國已有犯台的能力，但必須付出相當成本；2025 年成本將更爲降低，並具備全面犯台能力。[29]

2022 年 3 月，俄羅斯持續入侵烏克蘭之際，一份俄羅斯聯邦安全局（Federal Security Service, FSB）的分析報告曝光。該報告指習近平在俄烏爆發戰爭前，考慮在 2022 年秋天「全面接管台灣」。因爲他希望在中共二十大（2022 年秋天）召開之前，以「收復台灣」之功，讓自己進入國家主席第三任期。姑且不論這份報告的眞實性如何，出現這樣的訊息並爲國際廣泛報導，顯示各國普遍認爲解放軍犯台已非不可想像。[30]

肆、中國對台動武的可能情境

北京當局堅持台灣必須與中國統一，並宣稱仍堅持兩岸和平統一

---

[28] "Military and Security Developments Involving the People's Republic of China 2021," *U.S. Department of Defense*, November 2021, p. 36, https://reurl.cc/nEGbg1.

[29] 游凱翔，〈兩岸局勢 40 年來最嚴峻 邱國正：中共 2025 年具全面犯台能力〉，《中央社》，2021 年 10 月 6 日，https://reurl.cc/nE3l52。

[30] 〈俄機密情報文件外洩驚爆習近平盤算「接管台灣」時間點！〉，《自由時報》，2022 年 3 月 15 日，https://reurl.cc/7e8bjd。

政策，但拒絕宣布放棄對台用武。軍事上來說，目前解放軍仍不具備全面武力犯台的能力，因爲解放軍仍欠缺奪取台灣最根本的兩棲輸具與登陸能力，以及發動戰爭所需要的龐大後勤支援能力；數十年來未曾打過仗，也是解放軍的一大罩門。因此，大部分觀點認爲，解放軍在短時間內對台灣採取軍事行動的機率很低。

但這不表示台灣海峽在兩岸風雲變色之前將會平靜無波。在戰爭的門檻之下，解放軍早已發動各種對台灣的「灰色地帶」（grey-zone）威脅，[31] 更強烈的形容則是：中國的侵台之戰已經以「灰色地帶戰爭」的形式展開了。

這些針對台灣的威脅與挑戰，有些完全不涉及軍事手段，例如網路駭侵與關鍵基礎設施的系統攻擊，或抽砂船與海上民兵對台灣生態保育與海事安全的威脅；其他則是秀肌肉式的對台軍事威脅，例如解放軍軍機、軍艦在台灣周邊海空域的實戰化演訓，或對台灣西南防空識別區的襲擾等。這些威脅性作爲有別於傳統軍事行動，對於台灣國家安全的威脅相對較小，但透過持續、漸進的操作所造成的累積效果，有可能對台灣造成重大的傷害，或在中國決定對台灣發起軍事攻擊時，成爲其犯台手段的一部分。

---

31 灰色地帶威脅指涉的範圍極廣，它可以涵蓋混合威脅、銳實力、政治作戰、惡意影響力、非正規戰，也包含網路攻擊、假訊息（disinformation）、對關鍵基礎設施的破壞、統一戰線等。美國特種司令部將灰色地帶挑戰定義爲「國家之間，或國家與非國家行爲者間，座落在傳統戰爭與和平二分法之間的競爭性互動」。US Special Operation Commend, "White Paper: The Grey Zone," September 9, 2015, https://tinyurl.com/5h8byx4c.

一、對台動武前的行動與威脅

從取得對台優勢的角度來看，中國對台灣施加的灰色地帶威脅，可視為一種「反嚇阻」的手段。在嚇阻的情境中，防衛方對潛在侵略方劃下紅線，也就是不得改變現狀的要求。但嚇阻在本質上是要制止或避免重大的軍事行動，灰色地帶行動則完全落在戰爭的門檻之下，因此並非傳統嚇阻理論的防範標的，也讓防衛方頗為頭痛。此外，在台灣周邊海空域實施演習，甚至飛彈試射，或對台灣執行海空封鎖，也是在對台動武之前，相當具有威脅性的作為。

（一）灰色地帶威脅

美國對中國的嚇阻機制並不針對單純的海上漁船衝突事件，但如果中國將漁民組織起來，納入地方人民武裝部，並提供武裝及訓練，使其具備漁民與海上民兵的雙重身分，這些搭載著經過訓練的「漁民」駕駛的鐵殼漁船有時也有武裝，若在海上與台灣或其他國家漁船發生衝突，就不能視為一般的漁船衝突事件。同樣地，單純的駭客攻擊甚至勒索贖金也不是嚇阻機制的標的，但如果是一群由主權國家支持，給予訓練提供薪資或報酬，並下達攻擊任務指示，這些駭客的攻擊，就不再是一般傳統的駭侵事件。這些「灰色地帶」行動，強度雖然在傳統戰爭門檻之下，通常也並未立即改變現狀，但若反覆、長期為之，透過細微漸進的操作，很可能累積微小的變化與效果，而形成所謂的「新常態」，達到改變現狀的效果。

最顯著的例子是中國在南沙水域建設人工島礁並進行軍事化建設

的行為。2013 年起，各國開始關注中國在南沙多處島礁進行的填海造島工程。2015 年 8 月，美國國防部報告指出，中國在這些島礁的工事及未來的軍事升級「正在片面改變南海區域的實體現狀（physical status quo），並讓可以降低緊張的外交倡議變得更為困難」。[32] 時至今日，南海現狀已經改變。中國在南沙至少已擁有三座完全軍事化的人造島礁（美濟礁、渚碧礁、永暑礁），並擁有戰鬥機、反艦與防空飛彈、雷射及干擾設備等武裝。[33]

對台動武之前，中國對台灣可能施加的灰色地帶威脅與行動包括：

1. **對台灣實施駭客攻擊與勒贖軟體攻擊**：中國網軍的攻擊對象包括台灣的公私部門網站、關鍵基礎設施系統，或竊取重要技術、文件或人員個資等。2019 年行政院資安處表示，台灣公部門每個月遭受境外的網路攻擊次數達 2,000 萬至 4,000 萬次，推估有一半以上來自中國。中國網軍也曾以惡意程式勒索病毒攻擊台灣中油、台塑公司，經台灣調查局與美國司法部門聯手查緝破獲，由美國起訴五名中國籍駭客。[34] 這些對台灣政府部門與關鍵基礎設施營運部門的網路攻擊，

---

[32] "Asia-Pacific Maritime Security Strategy," *U.S. Department of Defense*, August 2015, pp. 16-17, https://reurl.cc/qOlL1n.

[33] Andrew Chubb, "The South China Sea: Defining the 'Status Quo'," *The Diplomat*, June 11, 2015, https://reurl.cc/2DdmNX; "China Has Fully Militarized Three Islands in South China Sea, US Admiral Says," *The Guardian*, March 21, 2022, https://reurl.cc/MblNDm.

[34] 江明宴，〈台美首次網攻演練資安處：台每月遭攻擊 3000 萬次〉，《中央社》，2019 年 11 月 4 日，https://reurl.cc/Go3grD；翁芊儒，〈調查局完整揭

在平時看似「練兵」，若搭配兩岸軍事衝突進行，則將對台灣造成重大的傷害。

2.**在台灣社會散布假訊息進行認知作戰**（cognitive warfare）：[35]根據瑞典哥德堡大學（University of Gothenburg）V-Dem Institute（Varieties of Democracy Institute）研究，從 2013 年起連續 9 年，台灣都是全球遭受假訊息攻擊最嚴重的地方。[36] 中國以假訊息及大外宣爲主的對台認知戰攻勢，在平時可以影響部分台灣民眾的訊息接收與認知，並可能造成社會內部紛爭與對政府領導及治理的質疑，若在戰時運用奏效，將能產生更大的負面作用。

3.**以各式軍機持續侵擾台灣西南防空識別區**：根據中華民國國防部公布的動態統計，2021 年中國軍機進入台灣防空識別區西南空域高達 961 架次，是 2020 年 380 架次（2020 年 9 月 17 日起算）的 2.53倍。[37] 解放軍以軍機持續侵擾這片空域有其多重目的，除了政治上表

露中油、台塑遭勒索軟體攻擊事件調查結果，駭客集團入侵途徑大公開〉，《iThome》，2020 年 8 月 12 日，https://reurl.cc/7e1ExN；蕭博文，〈中國 5駭客涉網攻中油台美合作偵破〉，《中央社》，2020 年 9 月 18 日，https://reurl.cc/qOlaZ3。

35 目前對認知作戰尚無一致的定義，較爲簡明的定義是：「外部實體操縱公共論述，試圖削弱社會團結或破壞民眾對政治體系的信任」，請見 Yotam Rosner and David Siman-Tov, "Russian Intervention in the US Presidential Elections: The New Threat of Cognitive Subversion," *INSS Insight*, No. 1031, March 8, 2018, https://reurl.cc/mGV6d7.

36 楊綿傑，〈全球假訊息攻擊台灣連續 9 年冠軍〉，《自由時報》，2022 年 3月 20 日，https://reurl.cc/akW8rQ。

37 關於解放軍軍機襲擾台灣防空識別區的架次，可能有不同算法。2021 年 4月，中華民國空軍司令部曾發布新聞稿表示，2020 年共機侵擾台灣防空識

達對台灣政府不滿（特別是美國高階代表團訪台時）、軍事上壓縮台灣軍隊的防禦空間，並形成對台灣空軍人力與物力的消耗戰之外，解放軍各式軍機也在此進行模擬攻擊海上與海下假想目標的實戰化演訓。另外，台灣西南空域具有重要的戰略與戰術地位，從這片空域往巴士海峽是解放軍西出太平洋的要道，也是美國軍機、軍艦進入南海的重要航道。若能讓解放軍在這個重要的戰術位置出沒常態化，將可對美軍介入兩岸衝突發揮「反介入與區域拒止」的效果。[38]

4. **抽砂船、海上民兵群集包圍台灣外離島**：近年中國的海上民兵（maritime militia）在南海執行各種準軍事任務，尤其以大量海上民兵船對越南、馬來西亞、菲律賓的島嶼進行包圍或製造衝突最引人矚目。[39] 2020 年 9 月，一度傳出中國出動海上民兵船包圍東沙島超過 60

別區共計 2,900 餘架次。請見〈針對媒體報導「中共軍機去年擾台高達 5704 架次」乙情說明〉，《中華民國國防部新聞稿》，2021 年 4 月 2 日，https://reurl.cc/RjZEee；關於解放軍進入台灣西南空域的統計，請見〈即時軍事動態〉，《中華民國國防部》，https://reurl.cc/e6N7Wb。

38 王臻明，〈西南空域成兵家必爭之地？談共軍擾台的軍事動機〉，鳴人堂，《聯合報》，2020 年 9 月 25 日，https://reurl.cc/Y9Ab8x；揭仲，〈2021 擾台軍演規模空前，揭露出共軍攻台大戰術〉，《新新聞》，2022 年 1 月 7 日，https://reurl.cc/qOl2rR。

39 2021 年 3 月上百艘（菲律賓稱約 220 艘）未進行捕魚作業的中國船隻，侵入在菲律賓專屬經濟區內的牛軛礁（Whitsun Reef）海域集結，對菲國造成龐大壓力。美國海軍戰爭學院學者依據多重證據指出，在牛軛礁集結的中國漁船就是海上民兵組織。Andrew S. Erickson and Ryan D. Martinson, "Records Expose China's Maritime Militia at Whitsun Reef," *Foreign Policy*, March 29, 2021, https://reurl.cc/RjZ50z。民兵是中國武裝部隊的關鍵組成部分，中國在 2020 年將包括民兵在內的後備部隊指揮權，收歸中央軍委會。有關中國在南海海上民兵的研究，可參考 Gregory B. Poling, Tabitha Grace Mallory, Harrison Prétat and Center for Advanced Defense Studies, "Pulling Back the Curtain

小時，但後來海巡署出面表示並非事實。海上民兵可造成當地國執法的困難，若發生衝突，中國政府可以推稱為漁船，或定調為單純的海上執法爭議。若台灣以強硬手段回應，北京就可指控台灣故意挑起事端。另外，2017 年起，中國大批抽砂船不斷入侵澎湖、金門、馬祖、台灣周邊海域。2020 年 10 月，曾有超過 50 艘中國籍抽砂船越界至馬祖海域盜採海砂，對當地民眾造成強大的心理衝擊。[40]

（二）針對性軍事演習

針對台灣的軍事演習，是一種不至引發兩岸軍事衝突的脅迫性軍事行動。例如，解放軍海空軍在台灣周邊及西太平洋等海空域，進行聯戰演訓及跨區航訓活動，除了精進其指揮管制與聯合作戰能力，亦可強化區域拒止能力。解放軍打造仿台設施的戰術訓練基地，或實施聯合登陸軍事演習等各種模擬攻台演練，除了提升對台灣實戰化訓練成效，也有對台軍事恫嚇的意味。[41]

二、對台動武的可能情境

在討論中國對台發動武力攻擊的可能情境（scenario）前，必須指出許多見諸媒體有關兩岸武裝衝突的情境，並非根據現實情況與戰

---

on China's Maritime Militia," *Center for Strategic and International Studies*, November 18, 2021, https://reurl.cc/Kpa7dq.

[40] 海巡署統計資料指出，2017 年至 2021 年，共計驅離中國盜砂船 5,328 艘次。分別為 2017 年 2 次、2018 年 73 次、2019 年 605 次，2020 年暴增到 3,991 次，2021 年則銳減到 657 次。研判或係台灣修法明定在我國專屬經濟海域或大陸礁層採取土石者，最重可關 7 年、罰 1 億元的重罰策略奏效所致。

[41] 《110 年國防報告書》（台北：中華民國國防部，2021 年 11 月），頁 41。

略戰術的可能性得出，而多是基於兵棋推演（wargaming）的不同目的，所設計出來的情境。[42] 其中最常見的是探討最壞情境（worst-case scenario），有些則是爲了驗證特定作戰計畫或某一軍兵種的能力，而特別設計的情境，甚至有些是爲了宣傳。

　　例如，2020 年 5 月 20 日，中華民國台灣第十五任正副總統就職當天，具有中國官方背景的《艦船知識》軍事雜誌，在微博上傳一段題爲「2020 台海打擊作戰推演」的 11 分鐘影片，狂言解放軍可在 24 小時內解放台灣。其推演設定涵蓋前期打擊、海空突襲和登陸作戰三階段。但其過程從摧毀飛彈陣地、預警雷達，壓制台灣防空系統、奪取台海制空權、殲滅台灣南北艦艇，並登陸台灣，可謂如入無人之境，台灣軍隊毫無抵抗能力。許多學者專家直言批評，這個兵推是脫離現實、「自嗨」。2021 年 7 月 1 日，中國共產黨慶祝建黨一百年之際，《艦船知識》又貼出一則「對台聯合火力打擊演示」的影片，列舉「攻台三階段方案」。[43] 這些兵推影片均非依嚴謹設定進行的推演，其目的顯然在對外進行威嚇與認知作戰，對內滿足民族主義與強

---

[42] 兵棋推演是歐美軍方、智庫、企業界經常使用的一種分析工具。根據美國蘭德公司的定義，兵棋推演是一種模擬戰爭中戰術、作戰或戰略層級各面向的分析博奕。兵棋推演可用來檢驗作戰概念、訓練及教育指揮官與分析人員、探討各種情境、評估建軍規劃與態勢選擇如何影響戰役結果等。請見 "Wargaming," *Rand Corporation*, https://reurl.cc/mGOk7V.

[43] 陳政錄，〈520 曝光「台海打擊戰推演」　陸媒：24 小時完成「解放台灣」〉，《ETtoday 新聞雲》，2020 年 5 月 20 日，https://reurl.cc/mGg8lA；〈中共軍媒發詭語列出「攻台 3 階段方案」大外宣恫嚇台灣〉，《自由時報》，2021 年 7 月 3 日，https://reurl.cc/dXYNXy。

硬派的需求。

另一個值得一提的中國犯台可能情境報導，是《路透社》在 2021 年 11 月刊出的特別調查分析。這篇分析訪問了多位戰略專家與職業軍官，提出封鎖馬祖、進犯金門、海關與海空域阻絕、全面封鎖、空中及飛彈行動、全面入侵等六個兩岸衝突的可能情境。[44] 這些情境單獨來看都有一定的可能性，但在分析呈現上卻以六個階段呈現，其軍事行動強度與規模漸次提升，到第六個階段才出現全面武力犯台。因此有台灣的軍事學者指出部分情境可能脫離現實、中國如果武力犯台將速戰速決，不會「一階段一階段」進行。[45]

相較各種見諸媒體的中國犯台情境，美國與台灣國防部的報告書中呈現的可能情境，則較為穩重周延。例如美國國防部《2021 年中國軍力報告》指出，解放軍有可能在 2027 年「以武逼統」，其行動選項包括海上與空中封鎖、有限度軍事行動與脅迫、空中及飛彈行動、奪取台灣外離島、武力進犯台灣等，報告書並明確指出，這些軍事選項可以個別進行或相互結合。[46]

以下綜整中國對台動武的可能情境，歸納為奪取外島、封鎖台灣

---

[44] David Lagueand Maryanne Murray, "T-Day: the Battle for Taiwan," *Reuters*, November 5, 2021, https://reurl.cc/Wkn6v7.

[45] 鍾佑貞，〈路透推演中國犯台 6 情境學者：電戰防禦及殲敵登陸才是要務〉，《中央社》，2021 年 11 月 6 日，https://reurl.cc/e6rRAW。

[46] "Military and Security Developments Involving the People's Republic of China 2021, Annual Report to Congress," *U.S. Department of Defense*, November 2021, pp. 116-117, https://reurl.cc/nEGbg1.

逼迫談判、閃電進襲，及全面武力犯台四個主要情境，並做簡要討論。其中奪取外島、封鎖台灣逼迫談判兩個情境的軍事強度較低，涉及的成本與風險也較低，但只能作為對台灣的強力懲戒或逼談手段，且可能引發台灣的反彈與國際制裁。真正要達到武力統一台灣，解放軍仍需對台動武，也就是閃電進襲或全面犯台兩種情境。但這兩種情境的成本與風險都很高，一旦失敗將對中國造成重大打擊。因此，對北京而言，武力犯台是不做則已，一旦動手就必須一鼓作氣取得勝利的重大決策。

（一）奪取外島：以東沙為例

1.**行動目的**：以懲罰台獨路線為名，發動優勢軍力奪占防衛較為薄弱的東沙島，並挾持守島的海巡人員，造成奪控外島的既成事實，逼迫台灣政府與北京進行談判。

2.**可能情境**：數百艘中國海上民兵船與漁船集結在東沙島周邊，形成包圍態勢，並以緊急避難或急需醫療救助為由，要求登上東沙島。中國海警船與海軍艦艇在其後數公里處，遠遠對東沙島構成實質的封鎖。

經過一段時間的對峙後，意圖登島的中國民兵與島上台灣海巡人員相互開火爆發衝突。中方民兵在海警與海軍的火力支援下，成功登陸並占領東沙島。東沙島上數十名受傷的海巡人員被移送至中國進行治療，並成為北京控制的人質。北京宣稱無意占領東沙島，其行動目的僅在懲戒台灣當局的台獨圖謀與作為。但北京拒絕撤離東沙島，而要求台灣當局須就當前兩岸爭端情勢進行協商。

3.**成本效益與風險評估**：解放軍有能力入侵東沙、太平島及防備較佳的馬祖或金門，但這些行動有重大的政治風險，因為奪取外島並未傷及台灣本島政、經、軍實力，反而可能激起台灣的憤慨，積極加強國防戰備，並招致強大的國際譴責與反制行動，相關風險與後果不容忽視。

（二）封鎖台灣逼迫談判

1.**行動目的**：以實施對台灣管轄為由，進行實質海空封鎖，使台灣經濟社會崩潰，進而壓迫台灣進行兩岸統一談判。

2.**可能情境**：解放軍以軍事演習及飛彈試射為由，在台灣周邊劃設範圍廣大的禁飛區與禁航區。經過數週的演習與試射後，北京宣布開始執行對台灣空域、海域及海關的管轄權。解放軍戰機與海軍艦艇在台灣領海領空外圍實施對台實質封鎖，阻斷前往或離開台灣的油輪、客貨輪、客貨機，切斷人員進出台灣與貨物進出口。

北京不理會台灣的抗議，在台灣軍機軍艦試圖突破封鎖時，雙方發生小規模的交火與衝突。台灣因長時間封鎖造成進出口停滯、能源供應開始出現短缺，民眾日常用品供應也出現不足情形，股市大幅下跌，社會出現騷動。台灣政府向國際社會求援，美國、日本、澳洲、歐盟發表聲明譴責北京，並宣布對北京的經濟制裁。北京表示，願意停止封鎖行動，與台灣當局就如何解決兩岸爭端進行和平協商，並暗示若台灣拒絕接受，將不排除升高對台網路戰、認知戰與大規模飛彈打擊行動。

3.**成本效益與風險評估**：要對台灣執行有效的海空封鎖，需要動用大量解放軍機艦。封鎖也要持續至少數週甚至數月，才可能產生效果。解放軍是否具備執行長時期大範圍封鎖的能量？這段期間台灣及國際社會的反制作為，也是北京必須考量的風險。若台灣堅決抗拒北京壓力，並得到國際社會有力奧援，北京可能陷入冒險升高情勢或與憤怒的台灣進行談判的兩難情境。

（三）閃電進襲

1.**行動目的**：解放軍對台灣發動猝然襲擊，並造成「致盲」效果後，以空降、機降及特種部隊行動，迅速奪占台灣政軍中樞，並進行大規模登陸，在美日採取行動之前，宣告完成兩岸統一。

2.**可能情境**：疑似在台灣的第五縱隊突然破壞台灣的國際海纜上岸機房設施，網軍也對台灣多處關鍵基礎設施，包括電力系統、網路與通訊系統、政府網際服務網（Government Service Network, GSN）、金融系統等，發動勒贖軟體攻勢。台灣的國際溝通管道遭到截斷，指揮管制與通訊能力大部分喪失，政軍指揮中樞陷入失能狀態，金融交易與社會民生出現騷動與失序。

24 小時內，解放軍對台灣關鍵軍用及民用設施發動大規模飽和攻擊，大多數機場、港口、雷達站點、主要橋梁與道路、通訊網路、電廠、政府大樓、軍事基地、廣播站及電視台等遭到摧毀。隨後，解放軍空降旅與特種部隊在台灣多處進行機降與空降行動，並俘獲數名高階台灣政軍領袖。逾百艘解放軍兩棲登陸艦搭載數萬名兩棲登陸旅士兵，在台灣西岸多處灘岸進行兩棲登陸，並成功建立多個灘頭堡。

中國宣布，任何未經中方核可，擅自進入台灣周邊海空域的船隻與飛行物體，將被視爲敵對，中方將予以擊落。台灣發動反擊，雙方相互駁火。在美日採取軍事行動之前，解放軍已控制台北政軍指揮中樞。聯合國安理會倡議反制中國侵略的提案，遭北京否決而無法通過。北京當局宣布完成台灣與祖國的「統一大業」。

　　3. 成本效益與風險評估：結合灰色地帶作戰與外科手術式精準打擊的行動難度頗高。即使閃電攻勢奏效，解放軍最多僅能局部控制台灣，且台灣仍保有相當的戰力。若台灣堅定自我防衛與反擊，局勢仍難預測。此一看似低成本，且可能取得高報酬的行動方案，事實上涉有極高的不確定性與風險。

（四）全面武力犯台

　　1. 行動目的：以解放軍強大優勢，發動大規模對台軍事行動，爭取以最小戰損、最高效率、最快速度，迅速攻占台灣，在外國勢力介入之前結束兩岸對峙，達成「國家統一」。

　　2. 可能情境：在台灣南北兩端進行演習的大量解放軍，採取「由演轉戰」策略，火箭軍及空軍、海軍發動大規模彈道飛彈、巡弋飛彈襲擊，攻擊台灣各處防空陣地、雷達站點、軍事基地與指揮中樞，摧毀大部分軍事據點與基礎設施。戰略支援部隊對台灣進行電磁制壓，摧毀或癱瘓台灣主戰部隊與關鍵設施。解放軍兩個航空母艦戰鬥群部署在西太平洋南北，以遏制美國與日本軍隊介入區域態勢。

　　解放軍網軍對台灣發起大規模網路攻擊，大量癱瘓台灣關鍵基礎設施。政軍指揮管制、電力供應、金融秩序、交通管制出現失序；大

量假訊息與耳語攻勢在社會流傳。解放軍軍機、直升機、兩棲登陸艦艇與載具，以及大量徵用而來的民用客滾輪，載運數萬名解放軍兩棲登陸旅、特戰旅官兵及武器裝備，在台灣西部海濱多處灘岸執行大規模兩棲登陸行動。解放軍登陸後，占領數座機場、港口、政府建築與指揮中心；解放軍特種部隊也俘獲數位台灣政軍領袖。台灣政軍領導人下令在第一波攻勢下存活的機艦與戰鬥人員展開反擊行動。美國、日本、澳洲與歐盟呼籲停火，並商議是否採取軍事行動，協助台灣進行防衛。

　　3. **成本效益與風險評估**：大規模犯台軍事行動看似穩紮穩打，但當中存在很高的風險與成本。犯台前，解放軍軍隊與後勤物資集結到戰術位置，需要相當長的時間，很難躲過衛星偵照與情報監偵。聯合登陸作戰需要海空支援及電子戰的高度協調，更不用提共軍正規登陸輸具仍然不足。[47] 就算登陸上岸，也必須在灘岸快速建立據點，並確保跨海而來的後勤補給源源不絕。登陸後的解放軍，必須面臨與台灣守軍的城鎮作戰及國際的譴責制裁甚至介入。相關環節若遭遇挫敗，都可能為習近平與中國帶來重大的政治與軍事打擊。

47　中華戰略前瞻協會研究員揭仲指出，解放軍目前還不具備武力犯台能「速戰速決」的條件。以跨海戰略投送能力為例，若要速戰速決，估計第一波就要向台灣投送約 12 到 15 個旅的兵力；但在 2020 年底，共軍集中全軍的海空運輸載具，一次只能投送約 7 個旅，離標準還有明顯的差距。同時，共軍遂行現代化聯合作戰的能力也還不足。請見羅添斌，〈俄羅斯進攻烏克蘭軍事專家：不排除中共增加對台武力威嚇強度〉，《自由時報》，2022 年 2 月 24 日，https://reurl.cc/AKVkep。

伍、結論

美國的對中嚇阻是一組試圖維持台海和平穩定現狀的機制，但中國反嚇阻策略發展及雙方的能力、意願與決心，都是動態變化的。近年美國熱烈討論的「戰略清晰」或「戰略模糊」，是關於美國介入台海軍事衝突的意願與決心的辯論。但隨著解放軍在第一島鏈已具備相當程度對美「反介入與區域拒止」能力，中國已日益成為美國「近乎旗鼓相當的對手」（near-peer competitor），[48] 只討論「戰略清晰」或「戰略模糊」是不夠的。

因此，本文檢視了美國針對中國的「延伸嚇阻」機制建立的背景，並指出這套行之有年的機制，對北京武力犯台的嚇阻有效度已經鬆動。隨著解放軍軍力發展與「反介入與區域拒止」能力的強化，嚇阻天平的兩端已逐漸向北京的方向傾斜。除了美中軍力差距縮小之外，另一個值得關注的議題是美國介入兩岸衝突的意願與決心，是否也開始降低。

至於天平的另一端，透過中國對台動武及其犯台可能時機的假設，包括理性預期的估算及單純理性之外的可能因素，可以看出解放軍可能認為，其對台動武的獲勝機率呈現上升趨勢、衝突成本與風險呈現下降趨勢，因此，解放軍對台動武的可能性正在上升。美國與台灣軍方高階領導人也已不約而同指出，雖然目前解放軍仍不具備全面

---

[48] "Annual Threat Assessment of the US Intelligence Community," *Office of the Director of National Intelligence*, April 9, 2021, p. 4, https://reurl.cc/oenzXM.

犯台的能力，但在 2025 年至 2027 年間，北京對台動武的可能性確實存在。中國對台動武的可能情境，因而成為一個嚴肅的政策課題。

但是北京與台北都很清楚，對台動武是北京當局的重大決策。不成熟或不完備的軍事行動，都可能變成一場災難。因此，解放軍在 90 年代就已提出，對台動武必須一戰決勝負，而且必須是速戰速決，要在美軍未到之前戰事已定。為追求最大的獲勝機率，灰色地帶行動成為北京在和平與戰爭之間的最佳操作工具。至於武力犯台的各種手段，也是美中台三方反覆發展、演練驗證的。

各種對台用武的情境並非獨立存在，將可用的手段與戰術戰法相結合，或可更有效降低代價與風險，並提高戰勝的機率。因此 2021 年 12 月，國防部向立法院提交的《因應二〇二五年中共全面犯台國軍強化戰力做法》報告中，提出的共軍攻台做法並非情境式的推演，而是以聯合軍事威懾、聯合火力打擊、聯合登陸作戰為主軸的戰爭手段與步驟。[49] 這顯示國軍除了掌握兩岸衝突的各種情境之外，仍致力於為最壞的情況做好準備。

在嚇阻的防衛方，美國透過「印太戰略」及「太平洋嚇阻倡議」，強化美軍在印太地區的軍事整備，並研提分散式部署與遠征前進基地等創新的戰術概念，加強在第一島鏈內的嚇阻能力。台灣也逐年提高國防預算，以創新及不對稱作戰概念，積極向美國採購更具有

---

49 游凱翔，〈國防部：國軍長年研究共軍犯台充分掌握強弱點〉，《中央社》，2021 年 12 月 13 日，https://reurl.cc/xO5QNV。

嚇阻力量的武器裝備、通過《海空戰力提升特別條例》加速在短期內建構不對稱戰力，並開始進行後備戰力的改革，提升台灣的自我防衛能力。美台合作攜手強化嚇阻方的能力與決心，是讓嚇阻天平回復平衡，並繼續維持台海和平穩定現狀的最關鍵要件。

|第九章|
習近平主政下中共對台政策：
延續、變遷與挑戰

鄭顯旭*

* 台灣大學國家發展研究所博士。現任韓國海洋水產開發院高級研究員。曾任台灣大學政治系博士後研究員、康寧大學應用外語科教師。研究領域為中國對外經濟政策、兩岸關係、東亞區域問題等。

壹、前言

近年來台灣海峽再次陷入動盪不安的狀態，儘管兩岸關係的起起落落不是一兩天的事，但是自 2012 年中國大陸的習近平主席上台，且自 2016 年台灣的蔡英文總統就任以來，兩邊關係愈趨緊張。中國大陸和台灣都試圖改變對彼此的政策，其變化引發的隔閡使兩岸分歧愈來愈大。日益複雜的全球形勢也與東亞及兩岸關係連動，使該地區的問題重新成爲國際政治的焦點。

如此複雜的台灣海峽內外局勢，讓我們重新審視中共對台政策。爲了深入分析習近平主政下中共對台政策，值得將焦點放在以下兩個問題上：習近平主政下，中共對台政策有何持續性與變遷性，其原因在何處？習近平政府推進的對台政策面臨哪些國內外的挑戰？在國際情勢不斷變動，且習近平獲得第三任長期執政權力的情況之下，探索這些問題是可以爲了展望兩岸關係的發展前景提供有意義的線索。

爲此，本文旨在分析從習近平上台以來中共對台政策的延續性、變遷性及挑戰。首先，第貳部分概述了近期圍繞兩岸關係的內外局勢變化；第參部分主要分析習近平主政下中共對台政策的延續性和變遷性；且第肆部分要解析習近平政府面臨內部和外部的挑戰，在最後結論的部分，本文將概括這種延續性及變遷性可能對兩岸關係的影響與調整，並簡略地展望中共短期內對台政策的走向。

貳、近期兩岸關係的內外形勢

2012 年中國大陸習近平執政且 2016 年台灣蔡英文上台以來，兩岸關係的內外形勢發生了深刻變化。其實，其變化可以用一句話來表達，就是「關係的惡化」。要理解其背景，首先需要將焦點放在中國大陸。最重要的是，習近平在台灣問題上，比前任領導人有更堅定不移的立場，為影響兩岸關係變化至關重要的因素。他剛上台時，被稱為「知台派」。從 1985 年 6 月到 2002 年 10 月他在福建省工作 17 年多的經歷，廣泛受到台灣民眾與全球兩岸關係研究者的關注。福建是習近平任職時間最長的地區，他在福建時接觸過許多台商，比起其他領導人更有深入地思考兩岸問題的機會。尤其是在福建工作期間，建立起了健全的對台工作制度並且付出了很多心血，先後推動了一系列具有深刻影響的重大對台工作。例如，在 2001 年 1 月 2 日兩門（廈門和金門）與兩馬（馬尾與馬祖）實現「小三通」，在 2001 年 1 月 28 日兩門兩馬簽訂交流協議，首次將「一個中國」原則寫入協議。[1] 對台灣的濃厚興趣和豐富的實行對台工作經驗是習近平一貫重視台灣問題的重要背景。然而，這種態度往往會導致強硬的政策。

其次，習近平確立了在中國共產黨內的核心地位，也是深遠影響中國大陸處理台灣問題方式的一種因素。習近平的地位體現在很多方

---

[1] 〈「近平書記是台商台胞的貼心人」—習近平在福建（二十二）〉，《共產黨員網》，2020 年 8 月 5 日，https://www.12371.cn/2020/08/05/ARTI1596593726628 614.shtml。

面，但最具代表性的是，中共於 2021 年 11 月舉行的第十九屆中央委員會第六次全體會議（六中全會）通過了〈中共中央關於黨的百年奮鬥重大成就和歷史經驗的決議〉。這是作為中共領導人，毛澤東與鄧小平之後第三次對黨史提出的決議（以下簡稱第三個決議）。第一個歷史決議於 1945 年毛澤東時期通過，且第二個歷史決議於 1981 年鄧小平時期出台。第三個決議的重點是強調習時代的偉大，在接下來的「二十大」上給習近平更大的空間實踐自己設想的人事和組織安排。[2] 換句話說，習近平將繼續掌握核心權力。但值得注意的是，在此過程當中，解決「台灣問題」是必不可缺的，也是他「超鄧趕毛」成為重要領導人的指標。[3]

另外，2017 年 10 月 25 日召開的中共十九屆一中全會上習近平確定第二個任期以後，台灣的政治局勢與他的第一個任期大不相同了。習近平自 2012 年掌權以來，中共不僅在外交政策上，而且在台灣政策上都採取了更強硬的立場。習近平提出「奮發有為」方針之下，推行「海洋強國」等國家長期性的戰略。中共「十八大」報告把建設「海洋強國」的宏偉目標置放在生態文明建設章節的突顯地位。[4]

2　鄒宗翰，〈牆外文摘：中共「歷史決議」中的台灣問題〉，《DW》，2021年 11 月 14 日，https://p.dw.com/p/435cI。

3　霧谷晶策，〈對習近平來說，解決「台灣問題」必不可缺，也是他「超鄧趕毛」的重要指標〉，《關鍵評論》，2022 年 2 月 7 日，https://www.thenewslens.com/article/162305。

4　吳福成，〈大陸建設「海洋強國」兩岸合作新契機〉，《財團法人海峽交流基金會》，2020 年 8 月 18 日，https://www.sef.org.tw/article-1-129-5384。

爲了實現此戰略，台灣問題是不可繞過的因素。由此，習近平在黨內的核心地位成爲影響中共對台政策與兩岸關係的關鍵議題之一。

若將焦點放在台灣，2016 年的政黨輪替，以及對台灣主權意志堅強的民主進步黨（民進黨）蔡英文總統就任，也成爲左右兩岸波動至關重要的因素。蔡英文從就職典禮上就開始明確地表示了不承認九二共識，實際上就推行偏向於「去中國化」的政策。由於國民黨在野，前任馬英九政府積極推動的兩岸交流急速減少，如《兩岸經濟合作框架協議》（ECFA）後續協商也幾乎停止。僅這些事實就足以揭示台灣的兩大政黨（國民黨與民進黨）對中國大陸政策明顯的差異。總而言之，隨著改變台灣政策方向的中國領導人及改變大陸政策的台灣領導人執政重疊，兩岸關係最近幾年經歷了重大轉變。

此外，還需要將焦點轉移到外部。美國局勢的變化也是導致兩岸關係惡化的核心因素。隨著川普（Donald Trump）就任第四十五任美國總統以來，對中國採取強硬且事實上敵對的政策，美中關係也迅速趨冷。美中兩國競爭加劇使美台之間戰略性的接觸（engagement）擴大，中美之間圍繞台灣問題的信任則急劇下降。尤其，隨著自 2018年 3 月起發生所謂的「貿易戰爭」演變成爲制度與價值戰爭，美中之間的競爭激化爲衝突。在此過程中，台灣的戰略價值不僅對中國大陸，也對美國大幅提升。華府自 1979 年以來，對台灣一直保持戰略模糊的態度，但川普上台後大幅加強了直接接觸。正因如此，在川普時期，美國鷹派官員有時提出有必要將對台灣問題的態度往戰略

清晰方向轉變。[5]當然川普的中國政策基本上是基於共和黨外交策略的邏輯，而且可以說是領導風格比較特殊的總統執政時的政策方向。然而，華府對中國政策的核心樞紐一旦移動，不管誰是繼任政府都很難一下子有180度的大轉變。換言之，川普的繼任者、民主黨的拜登總統比前任政府有所放鬆反中政策的力度，但他不會完全回到川普之前的美中關係，因此雙邊還保持緊張狀態。

雪上加霜的是，近期國際形勢的劇變成為台灣問題的一種變數。特別是在2021年美國從阿富汗撤軍引發的國際問題，突然使台灣海峽爭論成為國際熱點。許多觀察家分析美國從阿富汗撤軍，其實是為了專注牽制中國的策略。也就是說，2011年美國歐巴馬政府宣布「亞洲再平衡」（Rebalance to Asia），所謂「重返亞洲」（Pivot to Asia）政策以來，美國將其軍事力量從阿富汗與伊拉克等小布希政府推動反恐戰爭地區轉移到亞太地區，實際上是試圖制衡中國大陸。拜登政府決定駐阿富汗美軍於2021年9月11日前撤出，間接地透露「重返亞洲」事實上等於「對中國的集中牽制」。正如中國大陸的《環球時報》報導，中國聲稱阿富汗的根本變化是「台灣未來命運的某種預兆」。[6]然而，華盛頓表示「美國將對中國入侵台灣的任何可能性做出

---

[5] Charles Chong-Han Wu, "The End of Washington's Strategic Ambiguity? The Debate over US Policy Toward Taiwan," *China Review*, Vol. 21, No. 2 (2021), pp. 177-202.

[6] 〈社評：台灣當局需要從阿富汗汲取的教訓〉，《環球時報》，2021年8月16日，https://opinion.huanqiu.com/article/44NXKQHceOw。

應對」，[7]美國再次刺激中共，美中關係的緊張就又一次形成了兩岸關係上的一股寒流。

　　另外，自 2022 年 2 月 24 日俄羅斯入侵烏克蘭導致國際政治的變動，也使世界焦點集中在與烏克蘭處境相似的台灣。這是因爲美國與中俄強權相互競逐碰撞激烈之處中，除了烏克蘭之外，還有台灣。[8]俄烏戰爭給國際關係帶來的重大變化之一是，美國加強了盟邦的聯繫，而且國際局勢分化爲美國加其同盟與俄中兩國加其友邦。也就是說，美中霸權競爭引發的新冷戰局面透過此次戰爭正式啓動。因此俄烏戰爭是否會對台灣海峽兩岸關係的未來發展產生影響備受關注。美國國家情報總監海恩斯（Avril Haines）分析，習近平主席和中共如何解讀這場危機，將影響中共對台灣的態度和時間表。[9]簡而言之，不僅是台灣海峽和東亞，而在世界各地進行的中美之霸權競爭，與中國和台灣內部的政治變動銜接，加劇了兩岸的緊張關係。

7　Jerry Dunleavy, "Biden Vowed US Would 'respond' to Chinese Invasion of Taiwan after Afghanistan Debacle," *Washington Examiner*, August 31, 2021, https://www.washingtonexaminer.com/news/biden-vowed-us-respond-chinese-invasion-taiwan-afghanistan-debacle?fr=operanews.

8　翟思嘉，〈吳玉山：海陸強權競逐台灣與烏克蘭是碰撞點〉，《中央社》，2022 年 1 月 13 日，https://www.cna.com.tw/news/acn/202201130219.aspx。

9　Katie Bo Lillis, et al., "US Intelligence Officials Warn China is 'Working Hard' to be able to Take over Taiwan Militarily," *CNN*, May 10, 2022, https://edition.cnn.com/2022/05/10/politics/avril-haines-china-taiwan/index.html.

參、習近平對台政策的延續性與變遷性

習近平自 2012 年中共十八大出任中共中央總書記後，各界關注中共對台政策在哪些方面會延續或變化。因爲習近平在各種風格上被視爲與胡錦濤不同，[10] 而且已有豐富的對台工作經歷，所以外界認爲很可能比前任領導人更重視台灣問題。加上，習近平剛上台的時候，國民黨政府在台灣積極推行兩岸交流政策，並試圖將在台灣社會內有爭議的族群和國家認同問題從兩岸經濟合作分開，則重新以「先經後政」的邏輯來改善兩岸關係。因此馬英九總統與習近平主席任期重疊的三年多期間，在兩位領導人積極發展兩岸關係的情況下，雙邊的經濟、社會、政治交往確實大幅增加。

然而，2014 年爆發「太陽花運動」後，台灣的反中情緒愈演愈烈，兩岸交流受阻。台灣首次針對兩岸關係議題所發動的公民運動打亂了中南海對台工作的原本規劃，讓中共體認到必須調整對台思路。[11] 北京暫時放慢了推進兩岸發展政策的步伐，此刻，台灣不再是北京的首要任務，習近平可能只想維持現狀的穩定。[12] 例如，2015 年 5 月 4 日習近平會見國民黨主席朱立倫時提出，「兩岸關係處於新的

---

[10] 張五岳，〈解析中共十八大後的對台政策〉，《財團法人海峽交流基金會》，2020 年 8 月 18 日，https://www.sef.org.tw/article-1-129-5420。

[11] 范世平，〈318 學運後中共對台政策變化之研究〉，《展望與探索》，第 12 卷第 12 期（2014 年 12 月），頁 38-39。

[12] Jing Huang, "Xi Jinping's Taiwan Policy: Boxing Taiwan in with the One-China Framework," *Taiwan and China* (Berkeley: University of California Press, 2017), p. 242.

重要節點上，兩岸關係路應該如何走，是擺在兩岸所有政黨和社會各界面前的一個重大問題」。[13] 這一發言明確表明，中共對台政策方向「由熱變溫」，持觀望態度。尤其是，馬英九執政末期台灣民眾對政府的支持率暴跌的情況下，北京開始懷疑對台讓利和友好政策的實際效果。

　　此後，習近平政府對台灣的態度轉趨強硬。其核心方向在 2019 年 1 月 2 日《告台灣同胞書》發表 40 周年紀念會上的講話之中公布。簡而言之，它可以概括為五項重點，包含：一、攜手推動民族復興，實現和平統一目標；二、探索「兩制」台灣方案，豐富和平統一實踐；三、堅持一個中國原則，維護和平統一前景；四、深化兩岸融合發展，夯實和平統一基礎；五、實現同胞心靈契合，增進和平統一認同。[14] 這是傳承前任領導人江澤民在春節茶話會「為促進祖國統一大業的完成而繼續奮鬥」的重要講話中提出的八項重點（江八點），以及胡錦濤在 2008 年 12 月 31 日《告台灣同胞書》30 周年座談會中提出六項重點（胡六點）。三位領導人的台灣政策重點是類似的形式，但內容上體現當時兩岸關係的特點，也蘊含著中共對台政策的延續性與變化性。

---

[13] 〈十八大以來，習近平 12 次對台講話都說了啥？〉，《人民網》，2015 年 11 月 5 日，http://tw.people.com.cn/n/2015/1105/c14657-27781470.html。

[14] 〈習近平：在《告台灣同胞書》發表 40 周年紀念會上的講話〉，《人民網》，2019 年 1 月 2 日，http://cpc.people.com.cn/n1/2019/0102/c64094-30499664.html。

表9-1　江八點、胡六點及習五點

	江八點	胡六點	習五點
發表時間	1995.1.30	2008.12.31	2019.1.2
發表場合	春節茶話會「為促進祖國統一大業的完成而繼續奮鬥」的重要講話	《告台灣同胞書》30周年座談會	《告台灣同胞書》40周年紀念會
主要內容	·堅持一個中國原則 ·反對台灣以搞「兩個中國」、「一中一台」為目的的所謂「擴大國際生存空間」的活動 ·進行海峽兩岸和平統一談判 ·努力實現和平統一，中國人不打中國人 ·要大力發展兩岸經濟交流與合作，以利於兩岸經濟共同繁榮，造福整個中華民族 ·中華文化始終是維繫全體中國人的精神紐帶，也是實現和平統一的一個重要基礎 ·台灣同胞不論是台灣省籍還是其他省籍，都是中國人，都是骨肉同胞、手足兄弟 ·歡迎台灣當局的領導人以適當身分前來訪問；也願意接受台灣方面的邀請前往台灣	·恪守一個中國，增進政治互信 ·推進經濟合作，促進共同發展 ·弘揚中華文化，加強精神紐帶 ·加強人員往來，擴大各界交流 ·維護國家主權，協商涉外事務 ·結束敵對狀態，達成和平協議	·攜手推動民族復興，實現和平統一目標 ·探索「兩制」台灣方案，豐富和平統一實踐 ·堅持一個中國原則，維護和平統一前景 ·深化兩岸融合發展，夯實和平統一基礎 ·實現同胞心靈契合，增進和平統一認同

資料來源：〈中國共產黨關於發展兩岸關係、推進祖國和平統一進程的八項主張〉，《人民日報》，http://cpc.people.com.cn/GB/64107/65708/66069/66085/4469064.htm；〈1995年1月30日江澤民發表「為促進祖國統一大業的完成而繼續奮鬥」的講話〉，《中華人民共和國國務院新聞辦公室》，http://www.scio.gov.cn/zhzc/6/2/Document/1003270/1003270.htm；〈胡錦濤在紀念「告台灣同胞書」發表30周年的講話〉，《中華人民共和國中央人民政府》，2008年12月31日，http://www.gov.cn/ldhd/2008-12/31/content_1193074.htm。

　　如此一來，習近平的對台政策相較以往具有何延續性？且其原因在何處？本節擬將其直接與「胡六點」進行比較分析。胡錦濤前主席是在 2008 年 12 月 31 日《告台灣同胞書》30 周年座談會中提出「攜手推動兩岸關係和平發展、同心實現中華民族偉大復興」講話。[15] 因為重點內容有六點，被稱為「胡六點」。其內容大致由六項要點組成：恪守一個中國，增進政治互信；推進經濟合作，促進共同發展；弘揚中華文化，加強精神紐帶；加強人員往來，擴大各界交流；維護國家主權，協商涉外事務；結束敵對狀態，達成和平協議。以上幾點代表胡錦濤政府的對台政策。其中最顯著的特點是，如其標題所示，「兩岸關係和平發展」。雖然胡錦濤在第 5 點中擺明，「不受任何外國勢力干涉」，但透過「誠心誠意幫助他們（台灣同胞）解決實際困難」，要為台灣的國際立場留下一些空間。

一、實際上促進統一

　　習近平主政下中共對台政策，從四個方面與胡六點體現出一致性。第一，習近平也堅持鄧小平倡導的「和平統一」及「一國兩制」為實現國家統一的最佳方式與基礎。這一點從他在 2019 年 1 月 2 日發言的第 1 點中，也就是「攜手推動民族復興，實現和平統一目標」中得到佐證。鄧小平將中共的對台策略從「和平解放」轉變為「和平

---

15 〈胡錦濤在紀念《告台灣同胞書》發表 30 周年的講話〉，《中華人民共和國中央人民政府》，2008 年 12 月 31 日，http://www.gov.cn/ldhd/2008-12/31/content_1193074.htm。

統一」之後，[16] 中共領導人一直堅持這一思維方式。習近平的政策也延續了此思路。然而，在這個因素中，一些戰略思維發生了變化。中國要解決台灣問題、實現統一的意願和態度變得更加強硬。胡錦濤時期集中於「反獨」的思維已變成「促統」。習近平在 2012 年會見連戰時提到，「我們真誠希望台灣同大陸一道發展，兩岸同胞共同來圓中國夢」。[17] 這句話意味著，在習近平倡導的「中國夢」中兩岸統一占有重要地位。被視為習近平智囊的學者鄭永年在接受陸媒專訪時也暗示過，「實現統一對每個中國人來說是中國夢」。[18]

二、持和平方式，但突顯非和平手段

　　第二個延續性為，在維持前述的「和平統一、一國兩制」的基調同時，從不放棄軍事手段，習近平持續強調動用非和平手段的可能性。武力統一方案是毛澤東初期的基本思維，鄧小平執政後實際上長期被排除。然而，中共意識到有必要提醒台灣，它仍然堅持以非和平的方式處理台灣問題。主要背景是，台灣民主化以後主張台灣本土化的呼聲高漲，由於本土化運動強調台灣的認同，所以其結果是脫離國

---

16 李琦，〈鄧小平對中國特色國家統一理論的貢獻〉，《中共中央黨史和文獻研究院》，2019 年 7 月 9 日，https://www.dswxyjy.org.cn/BIG5/n1/2019/0709/c427758-31222761.html。

17 〈習近平在人民大會堂會見中國國民黨榮譽主席連戰〉，《中華人民共和國中央人民政府》，2013 年 2 月 25 日，http://big5.www.gov.cn/gate/big5/www.gov.cn/ldhd/2013-02/25/content_2339371.htm。

18 〈劃 2049 時間表？習近平智囊：統一就是實現中國夢〉，《聯合報》，2021 年 11 月 16 日，https://udn.com/news/story/7331/5893889。

民黨及中國大陸而開展。尤其，民進黨出身的陳水扁在 2000 年的總統選舉勝選以後，事實上追求「台獨」的一些台獨民意與總統發言積極表現出來。例如，2002 年 8 月 3 日，陳水扁透過電視直播方式致詞世界台灣同鄉會聯合會第二十九屆年會的時候，宣稱「台灣是主權獨立的國家」，「台灣與大陸，一邊一國，要分清楚」，他並主張透過公民投票來決定「台灣前途」。[19]

　　爲此，大陸胡錦濤政府於 2005 年 3 月 14 日第十屆全國人民代表大會第三次會議上通過了《反分裂國家法》。[20] 爲了兩岸統一可以使用非和平方式的可能性是基於該法律。更具體地說，根據該法第 8 條「台獨分裂勢力以任何名義、任何方式造成台灣從中國分裂出去的事實，或者發生將會導致台灣從中國分裂出去的重大事變，或者和平統一的可能性完全喪失，國家得採取非和平方式及其他必要措施，捍衛國家主權和領土完整」的內容。其最顯著地表明，動用武力仍是解決台灣問題的重要選擇。

　　然而，習近平上台後的變化是，北京能夠動員非和平手段的可能性變得更加明顯。也就是說，動用軍事手段的可能性上升。「和平統一」爲中國大陸領導人的一種鐵則，但在習近平主政下，國台辦頻繁地強調和平統一的這種「意外」情況。就是說，在習近平的對台

---

[19] 〈一邊一國論〉，《中華人民共和國中央人民政府》，2006 年 4 月 26 日，http://www.gov.cn/test/2006-04/26/content_266068.htm。

[20] 〈《反分裂國家法》（主席令第三十四號）〉，《中華人民共和國中央人民政府》，2005 年 3 月 14 日，http://www.gov.cn/zhengce/2005-06/21/content_2602175.htm。

政策裡，和平與統一可以分爲兩個概念。這種戰略轉變是由於中國軍力顯著增強。與 1995 年至 1996 年的台灣海峽危機時相比，中國的軍力得到了大幅加強。例如，中國大陸的國防支出預算從 1995 年 636.7 億元（人民幣）增長到 2022 年 14,761 億元，增加了 23 倍多。[21] 在習五點中，「和平」與「統一」的結合不像過去那麼牢固。習近平在 2019 年的講話中，46 次提到統一，其中「和平統一」只出現了 18 次。[22] 由此可見，習近平比起「和平統一」，更注重「統一」。這與胡錦濤 2008 年 12 月的講話形成鮮明的對比，當時胡錦濤 27 次提到統一，其中約一半的 13 次爲和平統一。

此外，值得關注的是，《反分裂國家法》被強調爲解決台灣問題的重要依據的現象，也是中國比以前更強硬地研究透過非和平方式實現兩岸統一的一個實例。中國自 2005 年通過該法案以來，從未召開過官方的座談會。然而，2020 年通過《中華人民共和國香港特別行政區維護國家安全法》後，在同年 5 月 30 日首次在北京召開了「《反分裂國家法》實施 15 周年座談會」，主要討論了「台獨」問題。從當天全國人大常委會委員長栗戰書的講話中可以確認，中共要以《反

---

[21] 吳政霖，《中共和平發展思維下軍事發展戰略之研究》（台灣師範大學政治學研究所學位論文，2006 年），頁 120；〈2022 年中國國防費保持適度穩定增長比上年增長 7.1%〉，《中華人民共和國國防部》，2022 年 3 月 10 日，http://www.mod.gov.cn/big5/info/2022-03/10/content_4906558.htm。

[22] Hsiao-chuan Liao, "An Interpretation of Xi's Taiwan Policy and Taiwan's Response," *Indo-Pacific Perspective*, 2019, p. 28.

分裂國家法》爲憲法依據，貫徹黨中央對台工作大政方針。[23] 這次座談會和栗戰書的發言很清楚地顯示了北京的底線在哪裡。

　　事實上，習近平主政下的中共大幅度升高對台軍事壓力。在此之前，中國對軍事手段的運用上非常謹慎，但習近平政府對於蔡英文政府直接與間接的軍事威脅顯著上升。根據台灣國防部長邱國正於 2021 年 12 月 22 日在立法院的專案報告，2021 年共機擾台已逾約 950 架次，比起 2020 年的 380 架次增加了約 2.5 倍。[24] 尤其，共機在國慶日之後的 10 月 4 日間有 56 架侵擾西南防空識別區，再創單日侵擾最高紀錄。[25] 儘管防空識別區之劃設與管制基於國內法，國際法上未對防空識別區之設置或管制訂定相關規範，[26] 但是自 1999 年以來，台灣將中國大陸或外國的飛機進入台灣的防空識別區，視爲中國或外國的軍事挑釁、侵略的象徵。近年來解放軍機隊侵入台灣防空識別區規模爲有史以來最大，而且這種活動已常態化，造成台海局勢緊張。

---

23 〈《反分裂國家法》實施 15 周年座談會在京隆重舉行〉，《人民網》，2020 年 5 月 30 日，http://politics.people.com.cn/BIG5/n1/2020/0530/c1024-31729498. html。

24 游凱翔，〈共機今年擾台逾 940 架次 國防部：共軍日趨完備台海周邊封鎖能力〉，《中央社》，2021 年 12 月 22 日，https://www.cna.com.tw/news/firstnews/202112220029.aspx。

25 李俊毅，〈56 架次共機今擾台 傳空軍派近 60 架軍機應對〉，《中時新聞網》，2021 年 10 月 4 日，https://www.chinatimes.com/realtimenews/2021100400 4691-260407?chdtv。

26 楊長蓉，〈防空識別區立法之重要性與戰略意涵〉，《國防安全雙週報》，第 29 期（2021 年 5 月），頁 30。

三、堅持民族共同發展，但強調兩岸一體化

　　第三個延續性為，習近平政府也是從民族主義框架來處理台灣問題，並推動兩岸的共同發展。中共領導人一直將兩岸統一視為國家任務，是建設「新中國」未完成的一部分。習近平也是在《告台灣同胞書》發表 40 周年紀念會上講話的第 2 項重點中表示，「兩岸同胞是一家人，兩岸的事是兩岸同胞的家裡事」。[27] 甚至，於 2012 年 2 月 25 日在北京人民大會堂會見國民黨榮譽主席連戰時提到，「台灣的前途繫於兩岸關係和平發展、繫於中華民族偉大復興，繼續堅定不移推動兩岸關係和平發展，有充分信心克服各種困難開闢兩岸關係新前景，有充分信心同台灣同胞攜手迎接中華民族偉大復興」。[28] 這一發言事實上強調兩岸統一是中華民族偉大復興，則是「中國夢」的核心部分。中共的這種說法基本上是基於原生論（primordialism）或本質論（essentialism）的民族主義觀點，將台灣公民視為一家人和同一個中華民族。[29] 這種做法在台灣經常引起台灣公民，尤其是年輕人的反感，但是在中國大陸能夠取得正當性。

---

[27] 〈習近平：在《告台灣同胞書》發表 40 周年紀念會上的講話〉，《人民網》，2019 年 1 月 2 日，http://cpc.people.com.cn/n1/2019/0102/c64094-30499664.html。

[28] 〈習近平在人民大會堂會見中國國民黨榮譽主席連戰〉，《中華人民共和國中央人民政府》，2013 年 2 月 25 日，http://big5.www.gov.cn/gate/big5/www.gov.cn/ldhd/2013-02/25/content_2339371.htm。

[29] 原生論（又稱為本質論）認為民族是固定的、自古以來已存在的自然現象，因此個人的民族身分不會後天改變。這種觀點與建構論互相衝突，建構論認為民族與民族主義是受到不斷變化的外部環境的影響，並受到位於權力關係中的行為者之間政治互動的影響。

　　在這一點上發生的變化是，與前任相比，習近平政府提倡了兩岸一體化發展，進一步強調了民族主義框架下統一的正當性。胡錦濤提出過「推進經濟合作，促進共同發展」。然而，習近平進一步深化這一點，提出「兩岸融合發展、兩岸經濟合作制度化、兩岸共同市場」。中共追求進一步的兩岸合作與融合發展的思維是跟習近平提出的「一帶一路」倡議有密切的關係。尤其在「21世紀海上絲綢之路」與建設海洋強國的目標之中，台灣及其周邊海域具有至關重要的意義。台灣位於通往東南亞和太平洋的海上航線上，喪失台灣是中國海權的重大損失。尋求擴大海上力量的中國，在海上交通線（SLOC）及海軍戰略位置方面，絕對不能讓出台灣。

　　1950年韓戰爆發之後，中國被美國「島鏈」策略封鎖在海外，中國的近海海域，如黃海、東海、南海，都成爲半封閉的海域，中國無法成長爲海上強國。島鏈最初是在第二次世界大戰後的1947年制定的，目的爲限制蘇聯和中國的海上接近。1951年韓戰期間，美國國務卿杜勒斯（John F. Dulles）提出了島鏈策略，以遏制中國形成對亞洲的威懾。鏈條由三個組成：第一個鏈條從千島群島（Kuril Islands）、日本本土和琉球延伸到台灣、菲律賓和印尼；第二個鏈條覆蓋從日本到馬里亞納群島（Marianas）和密克羅尼西亞（Micronesia）；第三個鏈條則以夏威夷爲中心。[30] 由此中國通往太平

30　Vorn Dick Wilson, "China's Reach Has Grown; So Should the Island Chains," *Asia Maritime Transparency Initiative* (Washington, D.C.: CSIS, 2018), https://amti.csis.org/chinas-reach-grown-island-chains/.

洋和印度洋的航線萎縮，海洋安全環境也惡化。

　　中共爲了實現海洋強國的目標，必須突破美國以島鏈策略封鎖中國僅停留爲海洋弱國。中國一直將美國的島鏈視爲國家海洋戰略的主要障礙。中共於 1992 年 2 月 25 日正式公布實施《中華人民共和國領海及毗連區法》，該法第 2 條規定：「中華人民共和國的陸地領土包括中華人民共和國大陸及其沿海島嶼、台灣及其包括釣魚島在內的附屬各島、澎湖列島、東沙群島、西沙群島、中沙群島、南沙群島以及其他一切屬於中華人民共和國的島嶼。」[31] 若沒有台灣，中國的海洋領土將大幅縮小，在南海的活動空間也大幅縮減。南海是中國在保障海路、資源、物流等方面如同生命線一般的存在。

　　對於中國大陸的人民解放軍來說，台灣也是「永不沉沒的航空母艦」，具有麥克阿瑟（Douglas MacArthur）所說的戰略價值。近年來中國在前述海域上與越南、菲律賓、日本和馬來西亞等鄰國發生領土主權爭議。對於中國大陸來說，台灣能否成爲中國的一部分會對中國在東海和南海爭端中主張的領土問題上具有決定性影響。因此，若中國不能與台灣統一，將失去進軍太平洋與印度洋航線的機會，事實上仍會處於內陸國家。正如中國所提出，「21 世紀海上絲綢之路合作夥伴並不僅限於東盟，而是以點帶線，以線帶面，增進同沿邊國家和地區的交往，串起連通東盟、南亞、西亞、北非、歐洲等各大經濟板

---

31 〈中華人民共和國領海及毗連區法〉，《中國政府網》，2005 年 9 月 12 日，http://www.gov.cn/ziliao/flfg/2005-09/12/content_31172.htm。

塊的市場鏈，發展面向南海、太平洋和印度洋的戰略合作經濟帶，以亞歐非經濟貿易一體化爲發展的長期目標」。[32] 習近平 2012 年訪美時已提到「寬廣的太平洋兩岸有足夠空間容納中美兩個大國」，[33] 毫不掩飾透過確保海上據點來擴大中國全球影響力的意願。簡而言之，習近平政府認爲海洋強國目標需要台灣，這可以充分解釋爲何習近平比前任更強調統一，更強調兩岸一體化發展。

四、軟硬兼施，但注重硬性手段

最後第四個延續性爲，習近平政府也繼續積極運用「軟硬兼施」的兩面策略。中國雖然從未放棄非和平手段，但是同時使用非軍事手法來施壓台灣不追求獨立。這主要是向台灣公民、企業、學生提供經濟激勵，在經濟上拉攏台灣。例如，中共於 2018 年和 2019 年公布的「惠台三十一項措施」（關於促進兩岸經濟文化交流合作的若干措施）與「二十六條措施」（關於進一步促進兩岸經濟文化交流合作的若干措施）是經濟上籠絡台灣的措施。這些措施的要點爲「積極促進在投資和經濟合作領域加快給予台資企業與大陸企業同等待遇，逐步爲台灣同胞在大陸學習、創業、就業、生活提供與大陸同胞同等的待遇」。[34]

---

[32] 〈21 世紀海上絲綢之路沿線國家有哪些？〉，《新華網》，2021 年 4 月 6 日，https://www.imsilkroad.com/news/p/397932.html。

[33] 〈習近平：寬廣的太平洋有足夠空間容納中美〉，《中國新聞網》，2012 年 2 月 13 日，https://www.chinanews.com.cn/gn/2012/02-13/3665577.shtml。

[34] 〈國台辦 31 條惠台措施全文〉，《中國時報》，2018 年 3 月 1 日，chinatimes.com/newspapers/20180301000200-260210?chdtv。

　　習近平政府區分台灣的執政黨來決定了對台政策的溫度和方向。民進黨執政後不承認「一個中國」，且採取對中國大陸限制的政策，就會限制對台友好措施，並推行強硬和懲罰性的政策。其中具代表性的是，繼續實行孤立台灣、徹底拒絕台灣的國家地位，同時減少台灣的邦交國數量。習近平政府在這方面對台灣蔡英文政府的轉變策略，是在馬英九政府時期幾乎消失的「挖走台灣邦交國」的策略。過去2000 年的總統選舉後，台灣首次實現政黨輪替，在民進黨的陳水扁總統主政的 8 年中，中共就曾持續強化對台外交孤立策略，先後與台灣的邦交國建交，因此台灣邦交國從 29 國降至 23 國。[35]

　　然而，國民黨的馬英九執政時期，台灣實行了「活路外交」，中共也在一定程度上容忍了台灣的外交空間。甚至在 2015 年 11 月馬英九與習近平會面，實現 66 年來首度兩岸領導人會晤，兩岸關係大幅改善。在陳水扁時期的報復性斷交措施也有所緩和，這表明中共對台灣兩個政黨的應對方式存在差別。台灣維持住 22 個邦交國，僅與甘比亞斷交。但是自蔡英文總統就任後，中共重新恢復了孤立台灣的策略。自 2016 年 5 月至 2022 年 3 月，台灣邦交國從 22 個逐漸減少到 8 個，只剩下 14 個。非洲、拉美及南太平洋的國家，如聖多美普林西比、巴拿馬、多明尼加、布吉納法索、薩爾瓦多、索羅門群島、吉

---

35 許志嘉，〈從台哥斷交論中共對台外交孤立與兩岸關係〉，《展望與探索》，第 5 卷第 7 期（2007 年 7 月），頁 6；徐卉馨，〈從李登輝到蔡英文 邦交國從 31 個僅剩 15 國〉，《上報》，2019 年 9 月 20 日，https://www.upmedia.mg/news_info.php?Type=24&SerialNo=71752。

里巴斯及尼加拉瓜與台灣終止外交關係。[36]

台灣的外交孤立是中共實行一個中國政策的核心部分。歷史上，除中國大陸外，西德過去也曾以所謂「哈爾斯坦主義」（Hallstein Doctrine）實施孤立東德的戰略。這是從 1955 年到 1970 年西德的外交原則，明確指出承認東德國家地位的任何國家（蘇聯除外）不能與西德建立或保持外交關係。北京的「一個中國原則」也與此一脈相承，使台灣失去主權國家的地位，淪為國際孤兒。例如，馬英九政府時期，台灣 8 年皆以觀察員身分參與世界衛生大會（WHA），但 2016 年蔡英文上台之後突然失去了觀察員身分。由於民進黨政府拒絕承認「九二共識」，因此台灣參與國際會議的基礎不復存在。國台辦發言人安峰山說，「民進黨應該檢討為什麼過去八年台灣能夠參加世衛大會，而今年卻不行，而不是一味地去推卸責任、轉移焦點、誤導和欺騙台灣民眾」，表達了他對民進黨政府的不滿。[37] 透過這種孤立工作，中共要讓台灣被排除於所有政府間國際組織之外，在法律上，台灣就不具主權地位。[38]

除了孤立台灣以外，習近平政府還利用台灣經濟對大陸依賴度

---

[36] 〈邦交地圖盤點／尼加拉瓜與我斷交 邦交國剩這 14 國〉，《聯合新聞網》，2021 年 12 月 10 日，https://udn.com/news/story/122592/4023507；〈外交部對尼加拉瓜共和國及中華人民共和國政府違反國際法強奪我國外交財產，破壞國際秩序，絕不寬貸〉，《中華民國外交部》，2021 年 12 月 30 日，https://www.mofa.gov.tw/News_Content.aspx?n=97&s=97061。

[37] 〈台灣八年來首度未獲邀參加 WHA 為什麼？〉，《BBC 中文網》，2017 年 5 月 21 日，https://www.bbc.com/zhongwen/trad/chinese-news-39990266。

[38] 許志嘉，〈從台哥斷交論中共對台外交孤立與兩岸關係〉，頁 6。

高的結構性弱點來施加政治壓力。也就是說，以激勵與制裁並用的經濟國策（economic statecraft）來壓抑台灣政府。最近 20 年，台灣對包含香港在內的中國大陸出口額比重達到 38% 至 40%，2021 年為 42.3%，創歷史新高。[39] 習近平與蔡英文時期的變化之處在於，之前以「激勵」為導向的經濟國策，轉變為以非正式的「制裁」為重點的負面方式。自 2016 年以來，中國已禁止將遊客和學生送往台灣，於是作為兩岸交流增加與營造和解氛圍的象徵，兩岸人文交流再次降溫。違反一個中國原則的台灣名人，例如稱台灣為國家或支持民進黨的藝人，在中國大陸的活動也受到限制。不但台灣主要農水產出口產品虱目魚、鳳梨、釋迦、蓮霧等被禁止出口大陸，而且，正如在 2000 年和 2004 年總統選舉之後所經歷的那樣，所謂「綠色台商」再次成為制裁的主要對象，一些台灣企業家因在選舉中公開支持蔡英文而被列入黑名單。[40]

肆、習近平對台政策的挑戰

習近平政府推進前述的「五點」時，會受到如何的國內外挑戰因素？本節將中共面臨的挑戰區分為國際、台灣及中國大陸的環境因素進行分析。

---

[39] 中華民國財政部貿易統計資料查詢，https://web02.mof.gov.tw/njswww/WebMain.aspx?sys=100&funid=defjsptgl。

[40] Hyunwook Cheng, "Targeted Sanctions with Chinese Characteristics and Green Taishang," *Pacific Focus*, Vol. 36, No. 3 (2021), pp. 488-511.

　　首先，國際環境因素是美國加強其安全同盟來加大制衡中國的力度。自拜登政府就職以來，美國不斷地強調同盟的重要性。尤其，在印度太平洋（印太）區域進行聯合軍事演習及訓練，提升印太海上同盟實力。最具代表性的例子是，美國、日本、澳洲與印度的四方安全對話（QUAD）及由澳洲、英國與美國聯合成立的軍事安全合作夥伴關係（AUKUS）。同時，美國透過聯合英國、澳洲和日本部隊進行軍事演習等的方法來擴大在印太地區的活動。例如，美軍印太司令部在 2021 年 8 月舉行了一場全球的大規模軍事演習──「2021 年大規模演習」（LSE 2021）。這是 1981 年冷戰期間，北大西洋公約組織（NATO）舉辦海洋冒險（Ocean Venture）軍演以來最大規模的聯合演習，包含航空母艦到潛水艇在內共有 36 艘軍艦、50 多個美軍單位參與。[41]另外，過去冷戰時期的安全機制，如「五眼聯盟」（Five Eyes）體制（澳洲、加拿大、紐西蘭、英國和美國），也有重振跡象。由於該聯盟的目標也是阻止中國的擴張，中國試圖以武力控制台灣海峽的過程成為一個挑戰。[42]

　　中國對 AUKUS 反應特別敏感，因為北京認為該組織實際上的意圖是美國在印太地區加強軍事同盟關係來牽制中國。例如，在 2021 年 10 月 11 日大陸外交部副部長樂玉成在接受中國國際電視台

---

[41] 林宏翰，〈美國聯合英澳日印太地區舉行大規模全球軍演〉，《中央通訊社》，2021 年 8 月 4 日，https://www.cna.com.tw/news/firstnews/202108040069.aspx。

[42] 沈明室、劉蕭翔主編，《2021 印太區域安全情勢》（台北：財團法人國防安全研究院，2021 年），頁 178。

（CGTN）的採訪時透露了強烈的不滿，如「AUKUS企圖搞海上霸權，加劇地區軍備競賽，助長軍事冒險，破壞地區和平穩定。中方堅決反對，地區各國和國際社會也有千萬個理由共同反對和抵制它」。[43]

除了前述的軍事同盟體系以外，美國還加強自由民主主義聯盟，並建立與中國顯然的敵對關係，對北京造成相當大的壓力。就是說，美國以民主十國聯盟（D10）共同遏制中國，該聯盟包括七國集團（G7）的成員國，即美國、加拿大、英國、法國、德國、義大利及日本，另加澳洲、韓國及印度。美國透過該組織主導民主倡議，以民主之名團結各國，遏制中國。雖然中共表面上強烈批評拜登政府的這種同盟政策，但此局勢顯然會給中國帶來負擔。如果中國的政治體制與價值失去吸引力，中國堅持的一個中國原則就無法得到其他國家的支持。比如，韓國總統文在寅與美國總統拜登於2021年5月21日舉行雙邊領袖會談時強調，維持台灣海峽和平與安全的重要性，也同意在此議題上更密切合作。因為這是韓國政府首次公開關切台海安全情勢，台灣外交部表達高度肯定與歡迎，並感謝韓國政府對台海和平穩定的重視。[44]韓國部分人士評價，此次事件透過加強韓美同盟關係解

---

[43] 〈外交部副部長樂玉成：AUKUS為新冷戰鼓風，有百害無一利〉，《中華人民共和國外交部》，2021年10月12日，https://www.fmprc.gov.cn/web/wjbxw_new/202201/t20220113_10492048.shtml。

[44] 鄭晗，〈美韓聯合聲明提台海和平 外交部：意義重大〉，《聯合新聞網》，2021年5月25日，https://udn.com/news/story/6656/5484395。

決了偏向中國大陸的外交問題。[45]

　　其次，台灣複雜的政治動態也會在習近平政府促進統一、推進兩岸一體化的過程中成為重大挑戰。從 1980 年代末期民主化以來，台灣的國家認同逐漸發生變化，因此 40 歲以下年輕人的台灣化現象顯著。最近台灣民眾的反中情緒已達到相當高點，自從蔡英文在 2021年第二任期開始以來，這種情緒愈演愈烈。從 1990 年代開始持續的這種台灣化現象，支撐了民進黨成為台灣有競爭力的政黨，而國民黨的支持率則急劇下降。在這種情況之下，蔡政府推行去中國化行動愈演愈烈，如 2020 年通過《反滲透法》與 2021 年改變護照設計。台灣內部的這種變化對中共來說就像一個難以解決的問題，因為北京其實希望盡可能避免武力衝突，和平解決台灣問題，達成兩岸統一大業。

　　最後，除了前述的因素以外，中國內部也存在挑戰。更強的統一意志和更強的手段，是習近平對台政策的關鍵。但是實行這兩個政策在中國國內也不是一件容易的事情。首先，考慮到兩岸經濟的相互依存，使用負面的經濟國策（非正式的經濟制裁）也可能對中國造成負面的影響。在近年來中國經濟增速放緩的情況之下，選擇對自己的經濟不利的措施，意味著中共也要承擔風險。另外，考慮到中國軍事實力的現實，以非和平方式統一台灣將會是有相當大風險的事情。依靠非和平力量全面接收台灣，是會如俄羅斯在烏克蘭進行軍事特別行

45　박효목、권오혁，〈文대통령「대만해협평화」첫언급…中서美로기우는외교무게추〉，《동아일보》，2021 年 5 月 24 日，https://www.donga.com/news/Politics/article/all/20210524/107075535/1。

動一般很不容易的，並且還要承受國際社會的譴責。即使以這種方式實現了兩岸統一，也應該考慮不是真正的結合帶來的負擔。近年來香港社會的問題告訴我們，一國兩制並不像聽起來那麼容易。中共可以從這件事中吸取教訓。如果放棄和平統一，中共的正當性可能會被破壞，因此習近平不得不考慮中國內反對強硬台灣政策的意見。

伍、結論

習近平前任胡錦濤的對台政策比江澤民時期更務實，更是將過去對台的政治性喊話轉變成具體可行的政策。[46] 習近平比起胡錦濤更強力地、實際地促進統一的積極態度，而不僅僅是反對台獨的被動立場。然而，面對內外種種不利條件，習近平對台政策經歷了觀望的態度之後，以強硬、壓抑的方式實施。

在習近平主政下，中共為了社會穩定、建設海洋強國等的國家目標、地區霸權及世界霸權，繼續將兩岸統一作為自己的核心利益。習近平政府也體現了中共對台政策的延續性，也就是說，雖然希望和平統一，但不放棄非和平手段，堅持從民族主義的角度促進中華民族的共同發展，並運用軟硬兼施的兩面策略。然而，與前任領導人以兩岸統一為口號、反對台獨為實踐的對台政策不同，它實際促進統一。相對強調使用非和平手段的可能性，推動超越兩岸交流水平的一體化發

---

46 劉文斌，〈「胡六點」周年展望兩岸關係—兩岸悲情衝撞難解〉，《展望與探索》，第 8 卷第 2 期（2010 年 2 月），頁 5。

展。蘿蔔與巨棒的工具中，使用了以巨棒爲主的措施。

　　這些政策塑造了習近平比任何前任中共主席，都更有決心解決台灣問題的領導人形象，但面臨著各種內外挑戰。首先，美國與其同盟和民主體制的夥伴國家提升合作關係，加強對中國的制衡，阻礙北京主導的兩岸統一。在中國挑戰世界霸權美國已經成爲現實的情況下，台灣很有可能進一步被美國視爲戰略資產。此外，台灣內部高漲的反中情緒與本土認同，也阻礙習近平透過擴大兩岸交流逐漸實現經濟和政治統一大業的規劃。由於國民黨在台灣的支持率暫時難以大幅反彈，預計民進黨政府會加速去中國化措施的步伐。中國內部也有聲音擔心強硬的台灣政策會減少與台灣的相互經濟依存度，會破壞中國共產黨和平統一的合法性。在這種情況下，預計北京將對外表明對台灣問題的堅定意志，但將更專心於應對國內經濟減速、新冠肺炎再現等社會問題，以及香港、新疆維穩等政治問題，再次對台表現出暫時觀望的態度。

第十章
拜登主義的特點及其對中政策演進*

金東燦**

* 本文是以即將刊登於 *International Area Studies Review* 的「The Biden
  Doctrine and China's Response」一文爲基礎,加以增添修改而成。
** 復旦大學國際關係與公共事務學院博士。現任延世大學國際學大學院兼任
  教授、中國研究院副研究員。曾任慶南大學極東問題研究所訪問學者、慶
  雲大學教養學部講師。研究領域爲美中關係、中國對外政策、東北亞地區
  安全體系等。

壹、前言

拜登（Joe Biden）宣誓就任美國總統後不久，美國和中國高階官員在新政府領導下首次在阿拉斯加會面。美中峰會並不順利。雖然大部分實質性會談都是在閉門會議的情況下進行的，被認為是「建設性的」，但會議開始時，雙方都公開譴責對方雙邊關係的狀況糟糕。此次會議為拜登政府領導下的美中關係定下了基調，然而迄今為止，美中關係幾乎沒有改善。在川普政府對中政策的誇誇其談之後，拜登政府選擇了一種看似不那麼對抗，且更有條理的方法。不過，在拜登執政期間，中國對美國的反應似乎更加強烈，中美關係實際上正在惡化。本文提出的研究問題是，拜登政府對中政策的哪個因素導致了中國更加強硬的回應？為了找到這個問題的答案，本文將主要檢視以下兩個問題：拜登政府是基於什麼原則確立和推進對中政策的？拜登時代美國對中政策有哪些特點？

本文將在瞭解拜登政府對中政策所處的美國更廣泛政策框架的基礎上，確定拜登政府對中政策的特點。這個框架被稱為「拜登主義」。拜登主義由四個支柱組成，分別為「加強聯盟、多邊主義、價值觀和降低戰略風險」。這四大支柱影響著拜登政府的對中政策，美國透過這些支柱保持川普政府對中國的關注，同時努力管理所涉及的戰略風險；建立多邊平台，著眼於國際合作夥伴的需求；獎勵那些在中美之間立場明確、利用盟友和夥伴的利益對抗中國的國家，並將美中關係定義為民主與專制之間的意識形態競爭。中國對拜登政府的對

中政策的反應特點是更為激進的言詞、針鋒相對的制裁、更強烈地與美國對手建立夥伴關係的動力，以及更加強調其對台灣不可能讓步的立場，包括增加在台灣海峽的軍事活動。

　　本文首先定義了「主義」（doctrine）一詞，並確定了拜登主義的組成部分，解釋了與川普主義的主要區別和連續性。然後，它提供了對美國對中政策的關鍵事件和發展的實證說明。最後，對韓國尹錫悅政府未來的外交選擇提出了一些建議。

貳、什麼是拜登主義？

　　美國外交政策的研究經常圍繞「主義」展開，但他們很少準確地定義這個詞。拜登主義也不例外，記者塔珀（Jake Tapper）在 2001年首次使用該術語，指的是拜登對布希總統的台灣政策的批評。[1] 20年後，他的同事圖希（Nahal Toosi）沮喪地問道：

　　〔一個主義〕是一項政策、一項議程、一個目標還是一項原則？它是一種策略還是一種哲學？一個理論？必須用一個簡單的口號來表達嗎？還是需要列表、圖表和要點？總統可以擁有多個主義嗎？[2]

---

[1] Jack Tapper, "Biden His Time," *Salon*, https://www.salon.com/2001/06/29/biden_19/ (accessed 2022/6/11).

[2] Nahal Toosi, "The Never-Ending, Ever-Frustrating Hunt for the 'Biden Doctrine," *POLITICO*, https://www.politico.com/news/2021/06/07/biden-doctrine-foreign-policy-492019 (accessed 2022/6/11).

　　對「主義」概念上的不精確性，感到沮喪是可以理解的，並且這個主義的問題長期植根於美國外交政策的討論中。例如，克拉布（Cecil Crabb）的《美國外交政策主義》（1982）[3] 指出，美國的主義，從門羅主義到更為晦澀的詹森主義，實際上指的是非常不同類型的外交政策：門羅是戰略意圖的宣言；詹森只與越南有關。事實上，主義往往是由其組成部分歸納定義的，而不是透過演繹推理從一些普遍定義的「主義」作為分析框架來確定。例如，傑維斯（Robert Jervis）[4] 將布希主義分為四個部分。杜克（Colin Dueck）在他的著作《歐巴馬主義》（2015）中，很奇妙地沒有定義名詞術語，而是將主義與「大戰略」互換。然而，定義「主義」的歸納方法已經產生了一些可行的術語定義。借鑑高德曼（Emily O. Goldman）和博曼（Larry Berman），[5] 他們將主義定義為「一組規定應如何使用工具為戰略服務並作為決策指南的規定」（a set of prescriptions that specify how tools should be employed in the service of strategy and that serve as a guide to decision making），鄧伯瑞爾（John Dumbrell）[6] 質疑大戰略

---

[3]　Cecil Crabb, *The Doctrine of American Foreign Policy: Their Meaning, Role, and Future* (Baton Rogue: Louisiana State University Press, 1982).

[4]　Robert Jervis, "Understanding the Bush Doctrine," *Political Science Quarterly*, Vol. 118, No. 3 (2003), pp. 365-388.

[5]　Emily O. Goldman and Larry Berman, "Engaging the World: First Impressions of the Clinton Foreign Policy Legacy," in Colin Campbell and Bert A. Rockman, eds., *The Clinton Legacy* (New York: Chatham House, 2000), pp. 226-254.

[6]　John Dumbrell, "Was There a Clinton Doctrine? President Clinton's Foreign Policy Reconsidered," *Diplomacy & Statecraft*, Vol. 13, No. 2 (2002), pp. 43-56.

和主義之間的等價性，認為「大多數總統主義實際上似乎是對敵人的單方面警告，通常主要是為了動員國內輿論」。事實上，無論人們是否同意「主義」與「大戰略」可以互換，很明顯地，歐巴馬（Barack Obama）在 2012 年競選連任時可以利用其第一個任期內的外交政策收益。[7]

　　雖然制定最終的主義定義超出了本文的範圍，但我們至少可以確定該術語的有效定義。本文認為，主義應滿足以下條件：一、主義是規範性的，反映了美國在世界上的角色的某種概念；[8]二、主義作為資源分配決策的指南，有助於完成規定性作用；三、主義具有單邊性和宣示性；四、主義服務於國內政治動員。透過這個定義，我們可以將「主義」理解為雙層賽局（two-level game）的結果[9]——外交和國內政策目標衝突的結果。這種理解將有助於解釋美國總統主義看似矛盾的性質。在確立了這一主義的有效定義之後，我們現在可以轉向拜登主義的性質、它與川普主義有何不同，以及它如何影響美國對中政策的問題。

---

[7]　Colin Dueck, *The Obama Doctrine: American Grand Strategy Today* (New York: Oxford University Press, 2015), p. 8.

[8]　While doctrine is sometimes discussed in non-U.S. contexts, the singular focus on the concept in U.S. foreign policy studies makes it arguably uniquely American in nature.

[9]　Robert D. Putnam, "Diplomacy and Domestic Politics: The Logic of Two-Level Games," *International Organization*, Vol. 42, No. 3 (1988), pp. 427-460.

參、比較拜登主義和川普主義

對於川普（Donald Trump）的外交政策是否曾遵循明確表達的川普主義存在一些分歧。川普政府設想其外交政策以「有原則的現實主義」為指導。[10] 雖然被一些人批評為「空洞的口號」，但可以更好地理解為「民粹主義主權」（populist sovereignty）[11] 甚至是「庸俗的現實主義」（vulgar realism），[12] 但安東（Michael Anton）認為川普的「美國優先」外交政策主義本質上歸結為毫不掩飾的自身利益：「將我們的利益放在首位將使我們所有人都更安全，更繁榮。如果有川普主義，就是這樣。」[13] 無論人們希望給「現實主義」加上什麼形容詞，很明顯川普主義確實存在，鑑於我們對這一概念的有效定義。「美國優先」——讓美國再次偉大的外交政策鏡像——是一個單方面的宣言，顯然旨在積累國內支持，同時指導如何分配資源以實現美國至高

---

[10] "A New National Security Strategy for a New Era," *The White House*, https://trumpwhitehouse.archives.gov/articles/new-national-security-strategy-new-era/ (accessed 2022/6/11).

[11] Aaron Ettinger, "Principled Realism and Populist Sovereignty in Trump's Foreign Policy," *Cambridge Review of International Affairs*, Vol. 33, No. 3 (2020), pp. 410-431.

[12] Robert S. Singh, "The Trump, Bush, and Obama Doctrines: A Comparative Analysis," in Stanley A. Renshonand and Peter Suedfeld, eds., *The Trump Doctrine and the Emerging International System* (Cham: Springer International Publishing, 2021), pp. 319-353.

[13] Michael Anton, "The Trump Doctrine," *Foreign Policy*, https://foreignpolicy.com/2019/04/20/the-trump-doctrine-big-think-america-first-nationalism/ (accessed 2022/6/11).

無上的總體規劃目標。與川普形成鮮明對比的是，拜登設想的美國將「不是以我們的力量爲榜樣，而是以我們的榜樣的力量爲榜樣」。[14]簡而言之，拜登和川普主義之間的主要規範性區別在於，拜登認爲美國有承擔領導角色的道德義務，而川普則認爲沒有這樣做的道德義務。正如本文將在下文更詳細解釋的那樣，這兩種主義之間還有其他差異，但拜登主義的「價值觀支柱」爲該主義的其他支柱提供了動力。

　　拜登政府的官員對拜登主義的提及只是零星的，甚至是相互矛盾的。當被問及川普和拜登主義之間的最大差異時，國務卿布林肯（Antony Blinken）認爲它有兩個組成部分：

　　首先，世界不會自我組織。因此，如果我們不在那裡並且每天都在嘗試做一些組織工作，幫助編寫規則並塑造規範國家之間相互關係的規範，那麼其他人就會在我們的位置去做它，或者可能做得同樣糟糕，但如果沒有人這樣做，那你就會陷入混亂。無論哪種方式，對美國都不利，所以第一部分出現了，就是交往吧。

　　第二部分是這樣的：我們面臨的大問題，實際上不會影響美國人民每一天的生活，無論是氣候，還是流行病，是否是壞武器的傳播，而不是任何一個國家單獨行動都可以解決單一問題，即使是像美國這

---

[14] Joseph Robinette Biden Jr., "Remarks by President Biden on America's Place in the World," *The White House*, https://www.whitehouse.gov/briefing-room/speeches-remarks/2021/02/04/remarks-by-president-biden-on-americas-place-in-the-world/ (accessed 2022/6/22).

樣強大的國家。因此，合作很重要，外交也很重要。因爲我們如何從其他國家獲得這種合作？它始於我們的外交。[15]

眾議員安迪・金（Andy Kim）在評論拜登總統宣布從阿富汗撤軍時，也提出了類似的觀點：

我們昨天看到的是拜登主義的出現，拜登主義承認全球政治的轉變，承認這是一個歷史性的時刻，我們要站出來，明確地說我們將站出來，盡我們所能朝著最有利於美國繼續領導地位、我們經濟持續強勁、我們持續國家安全以及保護美國人民和我們利益的能力的方向發展。我們看到這種拜登主義的一些核心原則正在出現。我們的重點是美國的競爭力，透過聯盟和對國際機構的再投資來加強我們的全球基礎設施，以及應對包括流行病和氣候變化在內的跨國威脅的姿態，並認識到跨國問題需要跨國解決方案，我們需要更加努力爲未來做好準備。[16]

---

[15] Antony John Blinken, "Secretary Antony J. Blinken with Wolf Blitzer of CNN's The Situation Room," *United States Department of State*, https://www.state.gov/secretary-antony-j-blinken-with-wolf-blitzer-of-cnns-the-situation-room/ (accessed 2022/6/11).

[16] Andy Kim, "As President Biden Charts Course to Withdraw Troops from Afghanistan, House Democratic Caucus Re-Launches National Security Task Force," *House Democrats*, https://www.dems.gov/newsroom/press-releases/as-president-biden-charts-course-to-withdraw-troops-from-afghanistan-house-democratic-caucus-re-launches-national-security-task-force (accessed 2022/6/11).

　　從這些明確的參考資料以及其他官方文件中，可以確定拜登主義的核心支柱。簡而言之，拜登主義使美國的外交政策轉向重新關注聯盟與合作，積極利用多邊平台、價值觀和降低戰略風險，同時也保留了川普主義的某些方面。以下部分從這四個面向比較了這兩種主義，並指出了一些連續性，特別是在美國台灣政策方面。

一、加強聯盟

　　川普政府將美國利益置於首位，向美國在歐洲和東亞的盟友施壓，要求他們在維護國防開支和威懾承諾方面承擔更大的責任。在歐洲，川普向北約成員國施壓，要求其增加國防開支，使其至少達到該聯盟成員國國家預算的 2%，並私下討論將美國——北約最大的捐助國——完全撤出該聯盟的可能性。[17]

　　在東亞方面，川普公開考慮將美軍撤出韓半島，並要求韓日兩國各增加數百個百分比的同盟貢獻。結果，美國的盟友開始真正擔心美國的放棄，尋求美國的有約束力的保證，或者——就像法國一樣——開始考慮「歐洲戰略自治」。透過這種方式，川普主義對待盟友的方式突顯了基本的聯盟安全困境，[18] 較小的合作夥伴害怕被拋棄，而較大的合作夥伴害怕被利用。

---

[17] Julian Barnes and Helene Cooper, "Trump Discussed Pulling U.S. From NATO, Aides Say Amid New Concerns Over Russia," *The New York Times*, https://www.nytimes.com/2019/01/14/us/politics/nato-president-trump.html (accessed 2022/6/11).

[18] Glenn H. Snyder, "Alliance Theory: A Neorealist First Cut," *Journal of International Affairs*, Vol. 44, No. 1 (1990), pp. 103-123.

拜登上台後，迅速努力緩解歐洲和東亞盟友的擔憂，但拜登主義不應僅僅被理解為對川普的反擊。拜登之所以成為歐巴馬的副總統，很大程度上要歸功於他在外交政策方面的長期經驗，而歐巴馬上任時在這一領域缺乏經驗。拜登因此對歐巴馬的外交政策產生了巨大的影響，而拜登主義的關鍵組成部分在歐巴馬執政期間就已經很明顯了。事實上，歐巴馬主義本身可以更好地理解為「拜登主義 1.0」。克萊蒙斯（Steve Clemons）在 2016 年美國大選前撰文稱，拜登主義側重於有限使用武力、對威脅的成比例反應（這需要區分現存的威脅，比如核武交流等威脅和恐怖主義等不存在的威脅），加強盟友並找到共同事業，以及與外國領導人建立關係，無論是否友好。[19]

這種描述與克瑞格（Andreas Krieg）對歐巴馬主義核心原則的描述非常接近，該原則「強調透過聯合戰爭採取集體行動和培養各地區合作夥伴和盟友能力的必要性」。[20] 2022 年，拜登的國家安全顧問蘇利文（Jake Sullivan）在接受《外交政策》採訪時回應了這一評估，他強調，支持拜登政府處理地緣政治競爭方法的第一個想法，是「對盟友和合作夥伴進行深入投資，以便我們解決所有問題。在這些挑戰中〔氣候、COVID-19 大流行、核擴散、經濟平等〕利用朋友的力量

---

[19] Steve Clemons, "The Biden Doctrine," *The Atlantic*, https://www.theatlantic.com/international/archive/2016/08/biden-doctrine/496841/ (accessed 2022/6/11).

[20] Andreas Krieg, "Externalizing the Burden of War: The Obama Doctrine and US Foreign Policy in the Middle East," *International Affairs*, Vol. 92, No. 1 (2016), pp. 97-113.

以及我們自己的力量」。[21]

二、多邊主義

川普和拜登在多邊主義方法上的差異也許是兩位總統之間最鮮明的對比。儘管川普威脅要退出或嚴重削弱他最終從未做過的幾項美國聯盟安排——儘管他質疑美國聯盟的成本，但他從未根本上挑戰他們作為美國國家安全保障者的角色。然而，川普顯然不屑於其他形式的多邊主義，他立即決定將美國從跨太平洋夥伴關係（TPP）中拉出來就是最好的例子。他還讓美國退出了《巴黎協定》，並威脅要退出世界衛生組織（WHO）。拜登在上任後立即推翻了這兩項決定，並重新接觸與伊朗的聯合全面行動計畫（JCPOA），當初川普讓美國退出了這個與伊朗共同解決伊朗核問題的協定。

三、價值觀

2021 年 12 月舉行的民主峰會最清楚地表明了拜登主義對價值觀的關注。拜登明確表示，民主正受到威權國家的威脅，這些威權國家「尋求提升自己的權力、輸出和擴大其在世界各地的影響力，並證明他們的鎮壓政策和做法是應對當今挑戰的更有效方式」。[22] 有可能質

---

[21] Amy Mackinnon, "Defining the Biden Doctrine," *Foreign Policy*, https://foreignpolicy.com/2022/01/18/national-security-advisor-jake-sullivan-interview-qa-biden-doctrine-foreign-policy/ (accessed 2022/6/11).

[22] Joseph Robinette Biden Jr., "Remarks By President Biden At The Summit For Democracy Opening Session," *The White House*, https://www.whitehouse.gov/briefing-room/speeches-remarks/2021/12/09/remarks-by-president-biden-at-the-

疑拜登主義對價值觀的關注的一致性。拜登本人引用民主指數自由之家作為民主正在衰落的跡象，但與此同時，自由之家指數得分較低的幾個國家被邀請參加峰會，而其他得分較高的國家則被排除在外。[23] 然而，很明顯地，拜登主義的「價值觀支柱」為加強與全球夥伴的聯盟和多邊合作提供了道義動力。在加強軍事同盟和夥伴關係方面，美國支持盟國和夥伴有能力抵抗來自外部的威權侵略；透過支持多邊合作倡議，支持合作夥伴抵抗從內部侵蝕民主制度的能力。

四、降低戰略風險

　　川普提出了使用核武器的可能性，並做出了退出《中程核飛彈條約》（INF）的措施。與此相反，拜登總統上任後不久，就開始採取措施降低其前任忽視或加劇的戰略風險。拜登總統迅速延長了與俄羅斯的《新削減戰略武器條約》（New START），並且重複兩次雷根—戈巴契夫（Reagan-Gorbachov）的聲明，即「一場核戰爭是打不贏的，絕不能打」，第一次是與俄羅斯總統普丁（Vladimir Putin）的聯合聲明，然後第二次是與五個核武器國家的領導人一起發表的聲明。考慮到俄羅斯威脅要對烏克蘭進行核報復，很難說俄羅斯遵循了《新削減戰略武器條約》或聯合聲明的精神。然而，拜登政府避免了可能升級戰略風險的措施，例如試圖擱置美國海軍旨在發展核武裝巡航導

summit-for-democracy-opening-session/ (accessed 2022/6/18).

23　Patsy Widakuswara, "US to Host Summit for Democracy Amid Questions About Its Own," *VOA*, https://www.voanews.com/a/us-to-host-summit-for-democracy-amid-questions-about-its-own/6339261.html (accessed 2022/6/18).

彈的計畫，以及在俄羅斯入侵烏克蘭後的關鍵時刻取消預定的洲際彈
道導彈試射。此外，拜登政府的核態勢評估（儘管幾乎完全保密）強
調，「〔美國〕致力於減少核武器的作用並重建〔美國〕在軍備控制
方面的領導地位」。[24]

　　儘管川普主義和拜登主義之間有很多差異，它們之間也存在著重
要的連續性。從阿富汗的最後撤退很快重新點燃了盟國對美國聯盟
承諾的懷疑，引發了批評，即拜登主義基本上相當於川普主義的延
伸，[25]甚至是「美國第一的精簡版」，[26]而對拜登的從阿富汗撤軍決定
的捍衛者，將其稱爲他「務實的現實主義」的展示。[27]

　　雖然從阿富汗撤軍給盟國對美國的看法帶來的後果可能是意想不
到的政策結果，但拜登也繼續實施川普的一些政策。例如，拜登政府
尚未取消多項關稅和出口管制；延續川普政府大力支持台灣的政策；

[24] "Fact Sheet: 2022 Nuclear Posture Review and Missile Defense Review," *U.S Department of Defense*, https://media.defense.gov/2022/Mar/29/2002965339/-1/-1/1/FACT-SHEET-2022-NUCLEAR-POSTURE-REVIEW-AND-MISSILE-DEFENSE-REVIEW.PDF.

[25] Richard Haass, "The Age of America First," *Foreign Affairs*, https://www.foreignaffairs.com/articles/united-states/2021-09-29/biden-trump-age-america-first (accessed 2022/6/11).

[26] Matt Viser, Anne Gearan and Reis Thebault, "'America First Lite': Afghanistan Withdrawal Brings a Biden Doctrine into Focus," *Washington Post*, https://www.washingtonpost.com/politics/biden-doctrine-afghanistan/2021/08/21/df07e02a-0106-11ec-85f2-b871803f65e4_story.html (accessed 2022/6/11).

[27] Joshua Shifrinson and Stephen Wertheim, "Biden the Realist," *Foreign Affairs*, https://www.foreignaffairs.com/articles/united-states/2021-09-09/biden-realist (accessed 2022/6/11).

繼續在川普時代的「印太」術語下與中國進行地緣政治競爭；繼續對俄羅斯實施制裁，甚至在 2022 年 2 月俄羅斯入侵之前就增加了向烏克蘭提供的大量支持。[28] 這些變化，以及川普主義和拜登主義之間的延續性，對拜登政府的對中政策具有重要意義，這將在下面討論。

肆、基於拜登主義的美國對中政策

一、制定明確的戰略目標並將其付諸行動

拜登主義的四大支柱正在塑造拜登政府的對中政策。包括拜登總統在內的美國高層政策制定者指出，中國是「唯一一個既有意重塑國際秩序，又擁有愈來愈多的經濟、外交、軍事和技術力量來做到這一點的國家」。[29] 這種以能力為後盾的對中國意圖的評估與對俄羅斯的評估形成鮮明對比，拜登政府將俄羅斯定性為有意挑戰國際秩序，但沒有能力這樣做。[30]

儘管俄羅斯入侵了烏克蘭，但這種評估並沒有改變；中國——而不是俄羅斯——仍然是「對國際秩序的長期挑戰」。[31] 因此，美國正

---

[28] Richard Haass, "The Age of America First," *Foreign Affairs*, https://www. foreignaffairs.com/articles/united-states/2021-09-29/biden-trump-age-america-first (accessed 2022/6/11).

[29] Antony John Blinken, "The Administration's Approach to the People's Republic of China," *United States Department of State*, https://www.state.gov/the-administrations-approach-to-the-peoples-approach-of-china/ (accessed 2022/6/12).

[30] "Interim National Security Strategic Guidance," *The White House*, https://www. whitehouse.gov/wp-content/uploads/2021/03/NSC-1v2.pdf (accessed 2022/6/12).

[31] Antony John Blinken, "The Administration's Approach to the People's Republic

在向烏克蘭提供政治、情報和物質支持，但正在積極鼓勵歐洲（以及東亞）夥伴也做出貢獻，向烏克蘭運送自己的武器系統或增加國防開支。因此，拜登主義促使美國在管理與俄羅斯的戰略關係方面騰出資源，以便與中國競爭。從阿富汗撤軍也是如此，阿富汗戰爭長時間束縛了美國的資源和能力，以追求布希主義的遺留目標（即國內政權更迭）。[32] 但拜登主義追求集中精力與中國進行競爭，所以拜登儘量減少美國在別的地區的軍事干預。

二、建立和轉變成多邊協商機構以對抗中國

川普政府對 2017 年美國、日本、澳洲和印度四方安全對話（QUAD）的熱情，是出於支持美國印太戰略和減輕中國對該區域美國利益的影響的願望。相比之下，拜登政府現在正在將四方從鬆散的安全夥伴關係，轉變為討論更廣泛議程的平台。2022 年 5 月，四方安全對話的四國領導人在東京會晤，發表聯合聲明，不再強調軍事和傳統安全合作，支持對公共衛生、基礎設施和減緩氣候變化的投資。[33]

這種轉變是由拜登主義的多邊主義支柱推動的，該支柱對合作夥

---

of China," *United States Department of State*, https://www.state.gov/the-administrations-approach-to-the-peoples-republic-of-china/ (accessed 2022/6/12).

[32] Robert Jervis, "Understanding the Bush Doctrine," *Political Science Quarterly*, Vol. 118, No. 3 (2003), pp. 365-388.

[33] "Quad Joint Leaders' Statement," *The White House*, https://www.whitehouse.gov/briefing-room/statements-releases/2022/05/24/quad-joint-leaders-statement/ (accessed 2022/6/12).

伴的立場和利益表現出更大的敏感性。戰略與國際研究中心（CSIS）2020 年對四方安全對話的四國的政策菁英進行的一項調查顯示（尤其是印度受訪者），對進一步軍事整合四國猶豫不決，而所有國家都強烈支持四國「〔承擔〕在區域經濟和發展援助中發揮協調作用，包括整個印度太平洋地區的貸款、技術開發和人權促進」。[34]

此舉也是拜登政府對中政策的一部分。認知到美國的盟友和合作夥伴面臨兩難困境，即他們與美國的安全安排使他們與中國的經濟關係複雜化，拜登政府尋求重申美國是該地區可靠的經濟夥伴，在某種程度上恢復了美國的角色，特別是恢復之前因為川普政府決定退出跨太平洋夥伴關係的區域角色。新生的印太經濟框架（IPEF）是為實現美國重申的目標而做出的更廣泛的努力。特別是 IPEF 的「彈性經濟」支柱——旨在透過多樣化來「防止供應鏈中斷」[35]——可以被視為試圖減少印太地區對中國的依賴。

三、提供與盟友的貢獻相稱的適當獎勵

並非所有國家都能從拜登主義的聯盟和多邊支柱中平等受益。與

---

[34] Patrick Gerard Buchan and Benjamin Rimland, "Defining the Diamond - The Past, Present, and Future of the Quadrilateral Security Dialogue," *CSIS*, March 2020, https://www.csis.org/analysis/defining-diamond-past-present-and-future-quadrilateral-security-dialogue.

[35] "Fact Sheet: In Asia, President Biden and a Dozen Indo-Pacific Partners Launch the Indo-Pacific Economic Framework for Prosperity," *The White House*, https://www.whitehouse.gov/briefing-room/statements-releases/2022/05/23/fact-sheet-in-asia-president-biden-and-a-dozen-indo-pacific-partners-launch-the-indo-pacific-economic-framework-for-prosperity/ (accessed 2022/6/12).

避險或更傾向於中國的國家相比，對中國採取更堅定立場的國家獲得的獎勵更多。澳洲——一個與中國關係日益緊張的印太盟友——透過《澳英美三邊安全協議》（AUKUS）交易獲得了核潛艇能力，同時澳洲與法國的柴電潛艇合約被取消了。雖然 AUKUS 的主要意圖當然不是惡化與法國的關係，但它確實表明美國更關心與已明確表達對中國立場的盟國的關係。法國總統馬克宏（Emmanuel Macron）一直不願參與美國對抗中國在歐洲影響力的努力，包括發布北約戰略概念，該概念在北約歷史上首次將中國列為「挑戰」。[36]

緬甸、柬埔寨和寮國完全被排除在 IPEF 之外。緬甸的排斥也可歸因於其民主倒退，以價值為中心的拜登政府不斷批評這一點。沒有說明排除寮國和柬埔寨的確切原因；美國分析師[37] 將排除的原因解釋為「產能不足」；一位柬埔寨分析家[38] 認為，柬埔寨被排除在外是因為它與中國更緊密地結盟。

---

[36] David M. Herszenhornand and Rym Momtaz, "NATO Leaders See Rising Threats from China, But Not Eye to Eye with Each Other," *POLITICO*, https://www.politico.eu/article/nato-leaders-see-rising-threats-from-china-but-not-eye-to-eye-with-each-other/ (accessed 2022/6/12).

[37] Aidan Arasasingham, Emily Benson and Matthew P. Goodman, "Unpacking the Indo-Pacific Economic Framework Launch," *CSIS*, https://www.csis.org/analysis/unpacking-indo-pacific-economic-framework-launch (accessed 2022/6/18).

[38] Seun Sam, "Indo-Pacific Economic Framework Threatens ASEAN's Centrality," *Khmer Times*, https://www.khmertimeskh.com/501084323/indo-pacific-economic-framework-threatens-aseans-centrality/ (accessed 2022/6/18).

四、考慮盟友和夥伴的利益

　　拜登政府也開始更系統地支持盟友和夥伴的安全利益，這些利益爲美國在與中國的長期競爭中提供了戰略優勢。其中一些努力可以被視爲對川普政府發起的政策的修改，川普政府的激進反中言論在東南亞並不受歡迎。[39] 爲了獲得東南亞國家的支持[40]和對抗中國在該地區的影響力，拜登政府需要採取安全議題以外的議題，例如，拜登政府試圖重新將美國與東南亞國家聯繫起來，不僅通過 IPEF 等倡議，還通過讓東協（ASEAN）成爲其「長期使整個供應鏈生態系統多樣化」的努力的一部分。在 10 月的美國—東協峰會上，拜登總統宣布了旨在減少美國和東協之間的海關和清關程序的舉措。鑑於拜登政府沒有取消川普強加的關稅，或者在領導層上與該地區保持足夠一致的接觸，但是東南亞國家仍然對美國在該地區的承諾的可持續性持懷疑的態度。[41]

　　此外，2021 年 5 月，美國同意取消韓美導彈指南的射程限制（800 公里），該指南自 1979 年以來通過雙邊協議實施，此後經過四次修訂。完全取消射程限制是韓國長期以來追求的目標，對美國來

[39] Dino Patti Djalal, "Why Trump's Anti-China Policy Falls on Deaf Ears in Southeast Asia," *The Diplomat*, https://thediplomat.com/2020/10/why-trumps-anti-china-policy-falls-on-deaf-ears-in-southeast-asia/ (accessed 2022/6/18).

[40] Catharin Dalpino, "Waiting on Washington: Southeast Asia Hopes for a Post-Election Boost in US relations," *Comparative Connections*, Vol. 22, No. 3 (January 2021), pp. 59-68.

[41] Ann Marie Murphy, See Seng Tan and Cheng-Chwee Kuik, "Can America Come Back? Prospects for U.S.–Southeast Asia Relations under the Biden Administration," *Asia Policy*, Vol. 16, No. 4 (2021), pp. 65-76.

說，這筆交易的戰略優勢是顯而易見的；在取消射程限制之前，韓國彈道導彈就已經可以到達北韓的整個領土，這是其國防開支的直接目標，國防開支從 2009 年的 240 億美元增加到 430 億美元。[42]

至於台灣，拜登曾在三個不同場合聲稱美國有保衛台灣的「承諾」，儘管拜登政府在這些拜登的表態後都試圖澄清或收回（在每種情況下都作為對記者的口頭回答），但這些拜登的表態使美國對台灣的戰略模糊政策受到質疑。[43] 而且，拜登政府也增加了與台灣的軍事支持和高層交流，這代表了川普政府的連續性。[44] 從東協到韓國，再到台灣，拜登政府正在努力為盟友和合作夥伴提供他們真正想要的東西，同時最終也符合美國的利益。

五、在對中政策中強調意識形態和價值觀

拜登政府還將意識形態和價值觀與其對中政策聯繫起來，拜登總統關於民主與專制鬥爭的願景在實踐中應用於中國。拜登政府透過 2021 年 12 月舉行的民主峰會等方式促進民主，受邀者中有台灣，這是它如何試圖團結各國支持其與中國的繼續對抗的一個例子。以新

---

[42] "SIPRI Military Expenditure Database 2021," *Sipri*, https://milex.sipri.org/sipri (accessed 2022/6/18).

[43] Stephen Wertheim, "The Troubling Repercussions of Biden's Taiwan Gaffes," *Carnegie Endowment for International Peace*, https://carnegieendowment.org/2022/05/24/troubling-repercussions-of-biden-s-taiwan-gaffes-pub-87196 (accessed 2022/6/18).

[44] Hannah Grothusen, "How Biden is Building on Trump's Legacy in Taiwan," *CSIS*, https://www.csis.org/blogs/new-perspectives-asia/how-biden-building-trumps-legacy-taiwan (accessed 2022/6/18).

疆省人權問題爲由制裁中國官員的做法始於川普政府，[45] 但在拜登政府期間繼續存在，拜登政府強調其在實施此類制裁中的「強有力的領導作用」。[46] 進一步強調了拜登政府將價值觀作爲其團結民主國家和圍堵中國戰略的核心部分，新疆官員是美國財政部在國際人權日（12月10日）制裁的個人之一。[47] 同樣地，雖然川普政府也對香港官員實施了制裁，[48] 但拜登政府也爲此目的促使 G7 國家更廣泛地參與。例如，在 2021 年 6 月的 G7 峰會上，G7 領導人承諾「弘揚我們的價值觀，包括呼籲中國尊重人權和基本自由，特別是與新疆有關的權利、自由和高度，還有針對《中英聯合聲明》和《基本法》中規定的香港自治權」。[49]

拜登政府還利用其基於價值觀的原則，阻撓中國與歐盟於 2020年 12 月原則締結的《全面投資協定》（CAI）的批准。2021 年 3

---

[45] "Treasury Sanctions Chinese Entity and Officials Pursuant to Global Magnitsky Human Rights Executive Order," *U.S. Department of the Treasury*, https://home.treasury.gov/news/press-releases/sm1073 (accessed 2022/6/18).

[46] "Treasury Sanctions Chinese Government Officials in Connection with Serious Human Rights Abuse in Xinjiang," *U.S. Department of the Treasury*, https://home.treasury.gov/news/press-releases/jy0070 (accessed 2022/6/18).

[47] "Treasury Sanctions Perpetrators of Serious Human Rights Abuse on International Human Rights Day," *U.S. Department of the Treasury*, https://home.treasury.gov/news/press-releases/jy0526 (accessed 2022/6/18).

[48] "Treasury Sanctions Individuals for Undermining Hong Kong's Autonomy," *U.S. Consulate General Hong Kong & Macau*, https://hk.usconsulate.gov/n-2020080702/ (accessed 2022/6/18).

[49] "Carabis Bay G7 Summit Communiqué," *The White House*, https://www.whitehouse.gov/briefing-room/statements-releases/2021/06/13/carbis-bay-g7-summit-communique/ (accessed 2022/6/18).

月，美國、加拿大和歐盟因中國新疆省的人權問題對中國官員實施制裁，[50]中國迅速跟進對歐洲個人和實體實施有針對性的制裁。[51]最終，歐洲議會決定在中國解除制裁之前拒絕批准《全面投資協定》。

六、避免與中國發生直接軍事衝突

正如拜登總統在聯合國大會上所說的，拜登政府正在努力避免形成新的冷戰，或美中之間的軍事衝突。[52]降低戰略風險措施（「護欄」）的實施，源於拜登避免競爭變成對抗的願望，例如旨在改善危機溝通的國防部長級別的持續對話。[53]

總而言之，拜登政府通過修改川普政府的對中政策，更加關注聯盟、多邊夥伴關係和價值觀，通過採取戰略風險降低措施來遏制對非軍事領域的競爭，同時還通過繼續並在某些方面加強對台灣的支持。

---

[50] "EU Agrees First Sanctions on China in More Than 30 Years," *Euronews*, https://www.euronews.com/my-europe/2021/03/22/eu-foreign-ministers-to-discuss-sanctions-on-china-and-myanmar (accessed 2022/6/25).

[51] "Foreign Ministry Spokesperson Announces Sanctions on Relevant EU Entities and Personnel," *Ministry of Foreign Affairs of the People's Republic of China*, https://www.fmprc.gov.cn/mfa_eng/xwfw_665399/s2510_665401/2535_665405/202103/t20210322_9170814.html (accessed 2022/6/25).

[52] Joseph Robinette Biden Jr., "Remarks by President Biden Before the 76th Session of the United Nations General Assembly," *The White House*, https://www.whitehouse.gov/briefing-room/speeches-remarks/2021/09/21/remarks-by-president-biden-before-the-76th-session-of-the-united-nations-general-assembly/ (accessed 2022/6/12).

[53] "Secretary Austin's Meeting With People's Republic of China (PRC) Minister of National Defense," *U.S. Department of Defense*, https://www.defense.gov/News/Releases/Release/Article/3058807/secretary-austins-meeting-with-peoples-republic-of-china-prc-minister-of-nation/ (accessed 2022/6/12).

伍、對尹錫悅政府的建議

本文解釋並檢視了「拜登主義」的四大支柱——加強聯盟、多邊主義、價值觀和降低戰略風險——如何對美國的對中政策產生深遠影響。並詳細闡述了以拜登主義為基礎的美國對中政策的特點。綜上所述，拜登政府：一、制定明確的戰略目標並付諸行動；二、正在建立和轉變多邊協商機構以對抗中國；三、給予與盟友貢獻相稱的適當獎勵，同時對不合作的國家採取懲罰措施；四、考慮盟友和夥伴的利益，促使他們自願合作；五、在其對中政策中強調意識形態和價值觀；六、尋求避免與中國發生直接的軍事衝突。

在這種情況下，新當選的韓國尹錫悅政府設定了加強韓美關係，使韓美聯盟作為主要的外交政策立場。韓國總統尹錫悅上任不久就出席了北約峰會，尹錫悅政府已決定加入 IPEF。這些措施可以根據韓國的核心國家利益進行評估，因為它們分別旨在應對北韓迫在眉睫的威脅和保障韓國的發展利益。尹錫悅政府最近採取的外交選擇將被美國視為比文在寅政府更加合作，並且尚未達到引起中國強烈反對的程度。尹錫悅政府未來在外交領域的首要任務，是如何在加強韓美關係的同時保持與中國的穩定關係。本文的結論是，尹錫悅政府應同時深刻理解基於「拜登主義」的美國當前外交政策和中國的底線。而韓國的每一次外交選擇，都應該著眼於如何保護自己的安全和發展利益。

國家圖書館出版品預行編目資料

中國周邊外交：台日韓三方比較新視野／蔡東杰等著；蔡東杰，韓碩熙，青山瑠妙主編.--初版.--臺北市：五南圖書出版股份有限公司，2023.01
　面；　公分
ISBN 978-626-343-546-9(平裝)

1.CST: 中國外交 2.CST: 國際關係
3.CST: 文集

574.1807　　　　　　　111019076

1PSK

中國周邊外交
——台日韓三方比較新視野

主　　　編 —	蔡東杰、韓碩熙、青山瑠妙
作　　　者 —	角崎信也、蔡東杰、劉泰廷、陳育正
	青山瑠妙、大門毅、佐藤考一、金泰虎
	李哲全、鄭顯旭、金東燦（按撰寫章節排序）
發 行 人 —	楊榮川
總 經 理 —	楊士清
總 編 輯 —	楊秀麗
副總編輯 —	劉靜芬
責任編輯 —	呂伊真
封面設計 —	王麗娟

出 版 者 — 五南圖書出版股份有限公司

地　　　址：106台北市大安區和平東路二段339號4樓

電　　　話：(02)2705-5066　　傳　真：(02)2706-61

網　　　址：https://www.wunan.com.tw

電子郵件：wunan@wunan.com.tw

劃撥帳號：01068953

戶　　　名：五南圖書出版股份有限公司

法律顧問　林勝安律師事務所　林勝安律師

出版日期　2023年1月初版一刷

定　　　價　新臺幣380元

經典永恆・名著常在

五十週年的獻禮——經典名著文庫

五南，五十年了，半個世紀，人生旅程的一大半，走過來了。

思索著，邁向百年的未來歷程，能為知識界、文化學術界作些什麼？

在速食文化的生態下，有什麼值得讓人雋永品味的？

歷代經典・當今名著，經過時間的洗禮，千錘百鍊，流傳至今，光芒耀人；

不僅使我們能領悟前人的智慧，同時也增深加廣我們思考的深度與視野。

我們決心投入巨資，有計畫的系統梳選，成立「經典名著文庫」，

希望收入古今中外思想性的、充滿睿智與獨見的經典、名著。

這是一項理想性的、永續性的巨大出版工程。

不在意讀者的眾寡，只考慮它的學術價值，力求完整展現先哲思想的軌跡；

為知識界開啟一片智慧之窗，營造一座百花綻放的世界文明公園，

任君遨遊、取菁吸蜜、嘉惠學子！